PARIM MAROKO KOKARAAMAT

Avastage ajatu köögimeistri toite 100 moodsa retseptiga

PIRET LEPIK

Autoriõigus materjal ©2024

Kõik õigused kaitstud

Ühtegi selle raamatu osa ei tohi mingil kujul ega vahenditega kasutada ega edastada ilma kirjastaja ja autoriõiguse omaniku nõuetekohase kirjaliku nõusolekuta, välja arvatud ülevaates kasutatud lühikesed tsitaadid. Seda raamatut ei tohiks pidada meditsiiniliste, juriidiliste või muude professionaalsete nõuannete asendajaks.

SISUKORD

SISUKORD 3
SISSEJUHATUS 6
HOMMIKUSÖÖK JA BRUNCH 7
1. Maroko pannkoogid (baghrir) 8
2. Maroko omlett Merguezi vorstiga 10
3. Maroko Khobz 12
4. Maroko piparmündi tee 15
5. Maroko Shakshuka 17
6. Maroko spinat ja feta omlett 19
7. Maroko Chicharrónes Con Huevo 21
8. Maroko hommikusöögisuflee 23
9. Peekon, punane pipar ja mozzarella frittata 25
10. Maroko prantsuse röstsai 27
11. Laaditud Maroko Polenta 29
12. Hommikusöök Bulgur pirnide ja pekanipähklitega ... 31
13. Hommikusöögi kliimuffinid 33
14. Maroko hommikusöögipakk 35
15. Kahekartuliline Maroko räsi 37
16. Maroko munamuffinid 39
17. Kreeka jumalanna kauss 41
18. Pine Nut Overnight Kaerahelbed 43
19. Spinati ja munapuder 45
20. Feta ja tomatite segamine 47
21. Kirsi ja ricotta Tartine 49
22. Tomati ja feta omlett 51
23. Kreeka jogurt mee ja pähklitega 53
24. Maroko hommikusöögikauss 55
25. Maroko vürtsidega kohv 57
26. Maroko avokaado ja tomati salat 59
27. Maroko Msemen (ruudukujulised pannkoogid) 61
SUUPÄID JA SUUPÖÖD 63
28. Maroko hummus koos Harissaga 64
29. Maroko täidisega datlid 66
30. Maroko spinat ja feta briouats 68
31. Maroko Merguezi vorst 70
32. Maroko maksakebab 72
33. Maroko jamssiga köögiviljaburgerid 74
34. Täidetud tomatid 77
35. Labneh oliiviõli ja Za'atariga 79
36. Soola-tursafilee Aioliga 81

37. Krevettide kroketid 83
38. Krõbedad krevettid 85
39. Kalamari rosmariini ja tšilliõliga 87
40. Tortellini salat 89
41. Caprese pasta salat 91
42. Balsamico röstsai 93
43. Pitsapallid 95
44. Kammkarbi ja prosciutto hammustused 97
45. Baklažaanid meega 99
46. Röstitud punane pipar ja feta kaste 101
47. Hispaania – Maroko veiseliha kebab 103
48. Maroko Avokaado Hummus 105
49. Maroko tomati röstsai 107
50. Krõmpsuv Itaalia popkorni segu 109
51. Punane pipar ja feta kaste 111
52. Maroko hummuse dip 113
53. Feta ja oliivi tapenaad 115
54. Maroko täidisega viinamarjalehed 117

PÕHIROOG 119

55. Maroko kanaliha 120
56. Maroko kikerherne tagine 123
57. Maroko kikerhernehautis 126
58. Maroko vürtsidega kikerhernekausid 128
59. Maroko hautatud lamba abatükk aprikoosiga 130
60. Maroko lambaliha ja harissa burgerid 133
61. Maroko stiilis riisi ja kikerherne küpsetamine 135
62. Maroko lõhe- ja hirsikausid 137
63. Fava oa- ja lihahautis 140
64. Maroko lambaliha tšilli 142
65. Fava oapüree - bissara 144
66. Lambaliha ja pirni tagine 146
67. Marrakechi riisi ja läätsesupp 148
68. Paks kikerherne-lihasupp / hareera 150
69. Maroko Quinoa Bowl 152
70. Kana Marsala 154
71. Maroko köögiviljapakend 156
72. Küüslaugu Cheddari kana 158
73. Krevetid Pesto-koorekastmega 160
74. Hispaania Ratatouille 162
75. Krevetid apteegitilliga 164
76. Küpsetatud Maroko lõhe 166
77. Valge oa supp 168
78. S krevetid gambas 170
79. Grillitud sidrunimahla kana 172

80. TOMATI JA BASIILIKU PASTA 174
81. KÜPSETATUD LÕHE MAROKO SALSAGA 176
82. KIKERHERNE- JA SPINATIHAUTIS 178
83. SIDRUNI-KÜÜSLAUGU KREVETIVARDAD 180
84. QUINOA SALATI KAUSS 182
85. BAKLAŽAANI- JA KIKERHERNEHAUTIS 184
86. SIDRUNIÜRDIGA KÜPSETATUD TURSK 186
87. MAROKO LÄÄTSESALAT 188
88. SPINATI JA FETA TÄIDISEGA PAPRIKA 190
89. KREVETTIDE JA AVOKAADO SALAT 192
90. ITAALIA KÜPSETATUD KANA REIED 194
91. QUINOA TÄIDISEGA PAPRIKA 196

MAGUSTOIT **198**
92. MAROKO APELSINI JA KARDEMONI KOOK 199
93. MAROKO APELSINI SORBETT 201
94. APRIKOOSI- JA MANDLITORT 203
95. MAROKO KÜPSETATUD VIRSIKUD 205
96. OLIIVIÕLI JA SIDRUNI KÜPSISED 207
97. MAROKO PUUVILJASALAT 209
98. MAROKO HONEY ED PUDDING 211
99. MANDLI JA APELSINI JAHUTA KOOK 213
100. APELSINI JA OLIIVIÕLI KOOK 215

KOKKUVÕTE **217**

SISSEJUHATUS

Marhaban! Tere tulemast "Parim maroko kokaraamat", mis on teie värav Maroko köögi ajatu ja lummava maailma avastamiseks 100 kaasaegse retsepti kaudu. See kokaraamat tähistab rikkalikku maitsete, aromaatsete vürtside ja kulinaarsete traditsioonide loomist, mis määravad Maroko toiduvalmistamise. Liituge meiega gastronoomilisel teekonnal, mis toob teie kööki Maroko võlu, ühendades traditsioonid tänapäevase vimkaga.

Kujutage ette lauda, mida kaunistavad lõhnavad tagiinid, erksad kuskussiroad ja dekadentlikud küpsetised – kõik on inspireeritud Maroko mitmekesistest maastikest ja kultuurimõjudest. "Parim maroko kokaraamat" ei ole ainult retseptide kogum; see on koostisosade, tehnikate ja lugude uurimine, mis muudavad Maroko köögi maitsete sümfooniaks. Olenemata sellest, kas teil on Maroko juured või lihtsalt hindate Põhja-Aafrika julgeid ja aromaatseid maitseid, on need retseptid koostatud selleks, et juhataks teid läbi Maroko toiduvalmistamise keerukuse.

Alates klassikalistest tagiinidest, nagu lambaliha aprikoosidega, kuni tänapäevaste kuskussi ja leidlike küpsetiste keerdudeni – iga retsept tähistab Maroko roogasid iseloomustavat värskust, vürtse ja külalislahkust. Olenemata sellest, kas korraldate pidulikku koosviibimist või naudite hubast peresööki, see kokaraamat on teie jaoks parim ressurss Maroko autentse maitse toomiseks teie lauale.

Liituge meiega, kui läbime Marrakechi kulinaarseid maastikke Chefchaoueni, kus iga looming annab tunnistust elavatest ja mitmekesistest maitsetest, mis muudavad Maroko toiduvalmistamise hinnaliseks kulinaarseks traditsiooniks. Niisiis, pange põll selga, võtke omaks Maroko külalislahkuse vaim ja asume veetlevale reisile läbi "Parim maroko kokaraamat".

HOMMIKUSÖÖK JA BRUNCH

1. Maroko pannkoogid (baghrir)

KOOSTISOSAD:
- 1 tass manna
- 1/2 tassi universaalset jahu
- 1 tl aktiivset kuivpärmi
- 1 tl suhkrut
- 1/2 teelusikatäit soola
- 1 1/2 tassi sooja vett
- 1 tl küpsetuspulbrit

JUHISED:
a) Sega blenderis manna, jahu, pärm, suhkur ja sool sooja veega ühtlaseks massiks. Laske 30 minutit puhata.
b) Lisa taignale küpsetuspulber ja blenderda veel paar sekundit.
c) Kuumuta mittenakkuva pann keskmisel kuumusel.
d) Vala pannile väikesed taignaringid. Küpseta, kuni pinnale tekivad mullid.
e) Pöörake ja küpseta lühidalt teiselt poolt.
f) Korrake, kuni kogu tainas on kasutatud.
g) Serveeri pannkoogid mee või moosiga.
h) Nautige oma Maroko inspireeritud hommikusööki!

2.Maroko omlett Merguezi vorstiga

KOOSTISOSAD:
- 4 muna, lahtiklopitud
- 1/2 tassi keedetud ja viilutatud merguez vorsti (või mis tahes vürtsikat vorsti)
- 1/4 tassi kuubikuteks lõigatud tomateid
- 1/4 tassi hakitud sibulat
- 1/4 tassi hakitud värsket koriandrit
- Sool ja pipar maitse järgi
- Oliiviõli toiduvalmistamiseks

JUHISED:
a) Kuumuta oliiviõli pannil keskmisel kuumusel.
b) Prae sibul pehmeks, seejärel lisa kuubikuteks lõigatud tomatid ja küpseta korraks.
c) Lisa viilutatud merguez vorst ja küpseta pruuniks.
d) Klopi kausis lahti munad ning maitsesta soola ja pipraga.
e) Vala lahtiklopitud munad pannil olevale vorstile ja köögiviljadele.
f) Puista peale hakitud koriandrit.
g) Küpseta, kuni munad on hangunud, voldi omlett pooleks.
h) Serveeri kuumalt ja naudi oma maitsvat Maroko omletti.

3.Maroko Khobz

KOOSTISOSAD:
- 4 tassi universaalset jahu
- 2 tl soola
- 2 tl suhkrut
- 1 spl aktiivset kuivpärmi
- 1 1/2 tassi sooja vett

JUHISED:

a) Segage väikeses kausis soe vesi, suhkur ja aktiivne kuivpärm. Segage ja laske sellel seista umbes 5-10 minutit või kuni see muutub vahuseks. See näitab, et pärm on aktiivne.
b) Sega suures segamiskausis jahu ja sool.
c) Tee jahusegu keskele süvend ja vala sinna aktiveeritud pärmisegu.
d) Alustage koostisosade segamist, et moodustada kleepuv tainas.
e) Keera tainas kergelt jahusel pinnal.
f) Sõtku tainast umbes 10-15 minutit, kuni see on ühtlane ja elastne. Kleepumise vältimiseks peate võib-olla lisama veidi rohkem jahu, kuid hoidke tainas kergelt kleepuvana.
g) Aseta tainas tagasi segamisnõusse, kata puhta köögirätikuga ja lase soojas tuuletõmbuseta kohas kerkida umbes 1 tund või kuni see on kahekordistunud.
h) Pärast esimest kerkimist suruge tainas õhumullide eemaldamiseks alla.
i) Jagage tainas 6-8 võrdseks osaks, sõltuvalt teie khobzi soovitud suurusest.
j) Rullige iga portsjon palliks ja seejärel lamedamaks ümmarguseks, umbes 1/4 tolli paksuseks kettaks. Suurus peaks olema sarnane väikese õhtusöögitaldrikuga.
k) Asetage vormitud khobz pärgamendiga kaetud ahjuplaadile.
l) Kata need puhta köögirätikuga ja lase veel 30-45 minutit kerkida.
m) Kuumuta ahi 220 °C-ni (430 °F).
n) Vahetult enne küpsetamist võid soovi korral teha sõrmeotstega khobzi väikseid süvendeid.
o) Asetage küpsetusplaat eelsoojendatud ahju.
p) Küpseta umbes 15-20 minutit või kuni khobz on kergelt pruunistunud ja sellel on kerge koorik.
q) Serveeri Maroko Khobzi soojalt. See sobib suurepäraselt Maroko hautiste, tagiinide kühveldamiseks või võileibade valmistamiseks.

4.Maroko piparmündi tee

KOOSTISOSAD:
- 2 supilusikatäit Hiina roheline tee
- 5 tassi Keev vesi
- 1 hunnik värsket piparmünti, pestud
- 1 tass Suhkur

JUHISED:
a) Aseta tee teekannu. Vala keevasse vette.
b) Hauta 3 minutit.
c) Lisa potti piparmünt.
d) Hauta 4 minutit. Lisa suhkur.
e) Serveeri.

5.Maroko Shakshuka

KOOSTISOSAD:
- 1 spl oliiviõli
- 1 sibul, peeneks hakitud
- 1 punane paprika, tükeldatud
- 1 purk (14 untsi) purustatud tomateid
- 4 suurt muna

JUHISED:

a) Kuumuta oliiviõli pannil keskmisel kuumusel. Lisa hakitud sibul ja punane paprika, prae pehmeks.

b) Lisa pannile purustatud tomatid ja hauta 10 minutit.

c) Tee tomatisegusse süvendid ja löö neisse munad.

d) Katke ja küpseta, kuni munad saavutavad soovitud küpsuse.

e) Serveerige Shakshukat ja nautige oma lemmikkoorega leivaga.

6. Maroko spinat ja feta omlett

KOOSTISOSAD:
- 2 suurt muna
- 1 spl oliiviõli
- ¼ tassi fetajuustu, purustatud
- Peotäis spinati lehti
- Sool ja pipar maitse järgi

JUHISED:
a) Klopi kausis lahti munad ning maitsesta soola ja pipraga.
b) Kuumuta oliiviõli mittenakkuval pannil keskmisel kuumusel.
c) Lisa spinat ja küpseta, kuni see närbub.
d) Vala lahtiklopitud munad köögiviljadele ja lase neil hetk taheneda.
e) Puista ühele omleti poolele fetajuustu ja voldi teine pool selle peale.
f) Küpseta, kuni munad on täielikult hangunud.

7. Maroko Chicharrónes Con Huevo

KOOSTISOSAD:
- 1 tass sealiha chicharrónes (praetud sealiha nahk), purustatud
- 4 suurt muna
- ½ tassi kuubikuteks lõigatud tomateid
- ¼ tassi kuubikuteks lõigatud punast sibulat
- 2 spl oliiviõli

JUHISED:
a) Klopi kausis lahti munad ning maitsesta soola ja pipraga.
b) Kuumuta oliiviõli pannil keskmisel kuumusel.
c) Lisa pannile tükeldatud tomatid, kuubikuteks lõigatud punane sibul ja kuubikuteks lõigatud jalapeño. Prae, kuni köögiviljad on pehmenenud.
d) Valage lahtiklopitud munad pannile, segage õrnalt, et need seguneks köögiviljadega.
e) Kui munad hakkavad tarduma, lisage pannile purustatud chicharrónes ja jätkake segamist, kuni munad on küpsed.
f) Serveeri kuumalt, puista peale hakitud värsket koriandrit ja kõrvale laimiviiludega.

8.Maroko hommikusöögisuflee

KOOSTISOSAD:
- 6 suurt muna, eraldatud
- ½ tassi fetajuustu, purustatud
- ¼ tassi musti oliive, viilutatud
- ¼ tassi päikesekuivatatud tomateid, tükeldatud
- ¼ tassi värsket basiilikut, hakitud

JUHISED:
a) Kuumuta ahi temperatuurini 375 °F (190 °C).
b) Klopi munakollased suures kausis hästi lahti.
c) Vahusta eraldi kausis munavalged, kuni moodustuvad tugevad piigid.
d) Sega lahtiklopitud munakollaste hulka õrnalt fetajuust, viilutatud mustad oliivid, tükeldatud päikesekuivatatud tomatid ja värske basiilik.
e) Klopi vahustatud munavalged ettevaatlikult sisse.
f) Maitsesta soola ja pipraga maitse järgi.
g) Määri ahjuvorm rasvaga ja vala segu sinna.
h) Küpseta 25-30 minutit või kuni suflee on paisunud ja kuldpruun.
i) Võta ahjust välja ja lase enne serveerimist jahtuda.

9.Peekon, punane pipar ja mozzarella frittata

KOOSTISOSAD:
- 7 viilu peekonit
- 1 supilusikatäis oliiviõli
- 4 suurt muna
- 4 untsi värsket Mozzarella juustu, kuubikuteks
- 1 keskmine punane paprika

JUHISED:

a) Kuumuta ahi temperatuurini 350 ° F.
b) Lisa kuumale pannile 1 spl oliiviõli ja küpseta 7 peekoniviilu pruuniks.
c) Lisa pannile hakitud punane paprika ja sega korralikult läbi.
d) Klopi kausis lahti 4 suurt muna, lisa 4 untsi kuubikuteks lõigatud värsket mozzarellat ja sega korralikult läbi.
e) Lisa pannile muna-juustusegu, tagades ühtlase jaotumise.
f) Küpseta, kuni munad hakkavad servade ümber hanguma.
g) Riivi frittata peale 2 untsi kitsejuustu.
h) Tõsta pann ahju ja küpseta 6–8 minutit 350 °F juures, seejärel prae veel 4–6 minutit, kuni pealt on kuldpruun.
i) Võta ahjust välja ja lase veidi puhata.
j) Eemaldage frittata ettevaatlikult pannilt, kaunistage värske hakitud peterselliga ja viilutage enne serveerimist.

10.Maroko prantsuse röstsai

KOOSTISOSAD:
- 8 viilu teie lemmikleiba
- 4 suurt muna
- 1 tass piima
- 1 tl vaniljeekstrakti
- ½ tassi segatud marju (maasikad, mustikad, vaarikad)

JUHISED:
a) Vahusta madalas tassis munad, piim ja vaniljeekstrakt.
b) Kuumuta praepann või mittenakkuva pann ja lisa või või oliiviõli.
c) Kasta iga leivaviil munasegusse, kattes mõlemalt poolt.
d) Küpseta leiba plaadil mõlemalt poolt kuldpruuniks (umbes 3-4 minutit mõlemalt poolt).
e) Serveeri prantsuse röstsaia, millele on segatud marju.

11. Laaditud Maroko Polenta

KOOSTISOSAD:
- 1 tass polentat
- 4 tassi köögiviljapuljongit
- 2 spl oliiviõli
- 1 purk (400g) tükeldatud tomateid, nõrutatud
- 1 tass artišokisüdameid, tükeldatud

JUHISED:

a) Kuumuta keskmises kastrulis köögiviljapuljong keemiseni. Klopi pidevalt segades hulka polenta, kuni see on paks ja kreemjas.

b) Kuumutage eraldi pannil keskmisel kuumusel oliiviõli. Prae peeneks hakitud sibul läbipaistvaks.

c) Lisa pannile hakitud küüslauk ja prae veel 1-2 minutit.

d) Sega juurde nõrutatud kuubikuteks lõigatud tomatid, hakitud artišokisüdamed ning maitsesta soola ja pipraga. Küpseta 5-7 minutit, kuni see on läbi kuumenenud.

e) Valage polentale Maroko köögiviljasegu, segades õrnalt segu.

12. Hommikusöök Bulgur pirnide ja pekanipähklitega

KOOSTISOSAD:
- 2 tassi vett
- 1/2 teelusikatäit soola
- 1 tass keskmist bulgurit
- 1 spl vegan margariini
- 2 küpset pirni, kooritud, puhastatud südamikust ja tükeldatud
- 1/4 tassi hakitud pekanipähklit

JUHISED:
a) Lase vesi suures kastrulis kõrgel kuumusel keema.
b) Lisa sool ja sega hulka bulgur. Alandage kuumust madalaks, katke kaanega ja hautage, kuni bulgur on pehme ja vedelik on imendunud umbes 15 minutit.
c) Eemaldage tulelt ja segage margariin, pirnid ja pekanipähklid.
d) Katke ja laske enne serveerimist veel 12–15 minutit seista.

13.Hommikusöögi kliimuffinid

KOOSTISOSAD:
- 2 tassi kliihelbeid teraviljast
- 1 1/2 tassi universaalset jahu
- 1/2 tassi rosinaid
- 1/3 tassi suhkrut
- 3/4 tassi värsket apelsinimahla

JUHISED:
a) Kuumuta ahi 400 °F-ni.
b) Õlita 12-tassiline muffinivorm kergelt õliga või vooderda see pabervooderdistega.
c) Sega suures kausis kokku kliihelbed, jahu, rosinad, suhkur ja sool.
d) Sega keskmises kausis värske apelsinimahl ja õli.
e) Vala märjad ained kuivainete hulka ja sega, kuni need on just niisutatud.
f) Tõsta taigen lusikaga ettevalmistatud muffinivormi, täites pokaalid umbes kahe kolmandiku ulatuses.
g) Küpseta kuni on kuldpruun ja muffinisse torgatud hambaork tuleb puhtana välja, umbes 20 minutit.
h) Serveeri muffinid soojalt.

14.Maroko hommikusöögipakk

KOOSTISOSAD:
- Täistera wrap või vormileib
- Hummus
- Suitsulõhe
- Kurk, õhukeselt viilutatud
- Värske till, hakitud

JUHISED:
a) Määri hummus ühtlaselt täistera wrapile.
b) Laota kihiti suitsulõhe ja õhukeselt viilutatud kurk.
c) Puista peale hakitud värsket tilli.
d) Rulli mähis tihedalt kokku ja lõika pooleks.

15.Kahekartuliline Maroko räsi

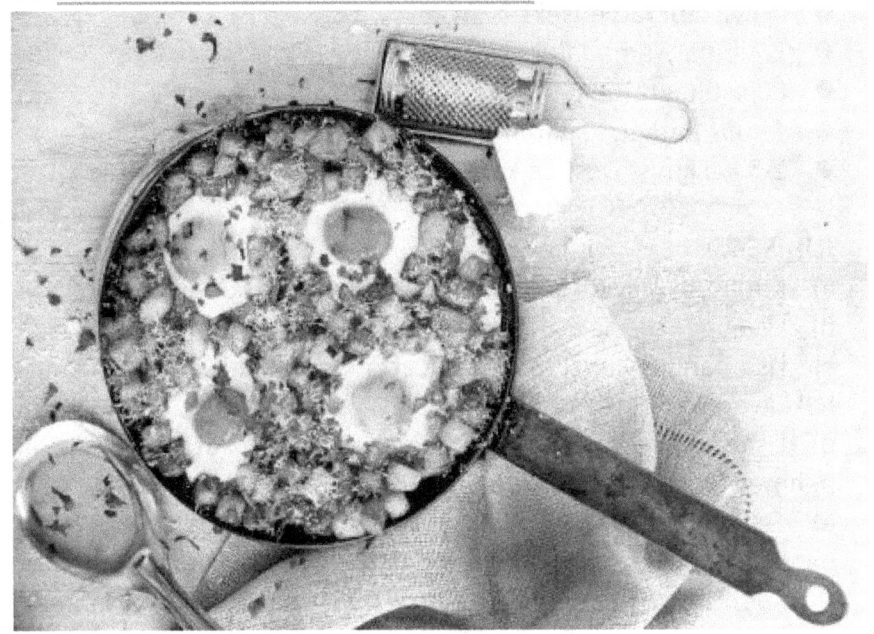

KOOSTISOSAD:
- Oliiviõli praadimiseks
- ½ sibulat, jämedalt hakitud
- 80g suitsutatud pancetta kuubikuid
- 1 suur bataat, lõigatud 2 cm kuubikuteks
- 2-3 keskmist Désirée kartulit, lõigatud 2 cm kuubikuteks

JUHISED:
a) Kuumuta oliiviõli suurel pannil keskmisel kuumusel.
b) Lisa peeneks hakitud sibul ja prae läbipaistvaks.
c) Lisa pannile suitsutatud pancetta kuubikud ja küpseta, kuni need hakkavad pruunistuma.
d) Lisa pannile bataat ja Désirée kartulid. Küpseta, kuni kartulid on pehmed ja neil on kuldpruun koorik (umbes 15 minutit).
e) Tehke räsisse neli süvendit ja lööge igasse süvendisse muna. Katke pann kaanega ja küpseta, kuni munad on teie maitse järgi valmis.
f) Kaunista peeneks riivitud parmesani ja hakitud värske lameda lehe peterselliga.

16.Maroko munamuffinid

KOOSTISOSAD:
- 6 suurt muna
- ½ tassi kirsstomateid, tükeldatud
- ½ tassi spinatit, tükeldatud
- ¼ tassi fetajuustu, purustatud
- 1 spl musti oliive, viilutatud

JUHISED:
a) Kuumuta ahi temperatuurini 375 °F (190 °C). Määri muffinivorm oliiviõliga või kasuta pabervooderdust.
b) Klopi kausis lahti munad. Maitsesta soola ja pipraga.
c) Prae pannil oliiviõlis kirsstomatid, spinat ja punane paprika pehmeks.
d) Jaotage praetud köögiviljad ühtlaselt ettevalmistatud muffinivormi.
e) Vala lahtiklopitud munad igas muffinitopsi köögiviljadele.
f) Puista iga munamuffini peale murendatud fetajuustu, viilutatud musti oliive ja hakitud värsket peterselli.
g) Küpseta eelkuumutatud ahjus 15-20 minutit või kuni munad on hangunud ja pealt kuldpruunid.
h) Enne muffinivormist väljavõtmist lase munamuffinitel mõni minut jahtuda.

17. Kreeka jumalanna kauss

KOOSTISOSAD:
- 1 tass keedetud kinoat või bulgurit
- 1 tass kirsstomateid, poolitatud
- 1 kurk, tükeldatud
- ½ tassi Kalamata oliive, kivideta ja viilutatud
- ½ tassi fetajuustu, purustatud

JUHISED:
a) Segage suures kausis keedetud kinoa või bulgur, kirsstomatid, kurk, Kalamata oliivid ja murendatud fetajuust.
b) Jaga segu kahte kaussi.
c) Soovi korral kaunista värske peterselliga.
d) Serveeri kohe ja naudi oma lihtsustatud kreeka jumalanna kaussi!

18. Pine Nut Overnight Kaerahelbed

KOOSTISOSAD:
- 1 tass vanaaegset valtsitud kaera
- 1 tass kreeka jogurtit
- 1 tass piima (piima- või taimne)
- 2 supilusikatäit mett
- 2 spl piiniaseemneid, röstitud

JUHISED:
a) Sega kausis valtsitud kaer, kreeka jogurt, piim, mesi ja vaniljeekstrakt. Sega, kuni see on hästi segunenud.
b) Murra sisse röstitud piiniaseemned.
c) Jaga segu kahte purki või õhukindlasse anumasse.
d) Sulgege purgid või anumad ja jahutage üleöö või vähemalt 4 tundi, et kaer pehmeneks ja maitsed sulaksid.
e) Enne serveerimist sega üleöö kaerahelbed korralikult läbi. Kui see on liiga paks, võite soovitud konsistentsi saavutamiseks lisada tilga piima.

19. Spinati ja munapuder

KOOSTISOSAD:
- 4 suurt muna
- 2 tassi värsket spinatit, hakitud
- 1 spl oliiviõli
- ½ sibulat, peeneks hakitud
- Sool ja pipar maitse järgi

JUHISED:
a) Klopi kausis lahti munad ning maitsesta soola ja pipraga.
b) Kuumuta oliiviõli pannil keskmisel kuumusel.
c) Lisa hakitud sibul ja prae pehmeks.
d) Lisa pannile hakitud küüslauk ja hakitud spinat. Küpseta, kuni spinat on närbunud.
e) Kalla lahtiklopitud munad pannile spinatisegu peale.
f) Segage mune õrnalt spaatliga, kuni need on küpsed, kuid siiski niisked.
g) Eemaldage pann tulelt.
h) Valikuline: soovi korral puista munadele murendatud fetajuust ja sega ühtlaseks.
i) Kaunista poolitatud kirsstomatite ja hakitud värske peterselliga.
j) Serveeri spinati-munapuder kuumalt ja naudi!

20.Feta ja tomatite segamine

KOOSTISOSAD:
- Munad
- Feta juust, murendatud
- Kirsstomatid, tükeldatud
- Värske basiilik, hakitud
- Oliiviõli

JUHISED:
a) Klopi kausis lahti munad ning maitsesta soola ja pipraga.
b) Kuumuta pannil oliiviõli ja vahusta munad.
c) Lisa purustatud feta ja kuubikuteks lõigatud kirsstomatid.
d) Küpseta, kuni munad on täielikult hangunud.
e) Enne serveerimist puista peale värsket hakitud basiilikut.

21. Kirsi ja ricotta Tartine

KOOSTISOSAD:
- 2 viilu täisteraleiba, röstitud
- ½ tassi ricotta juustu
- 1 tass värskeid kirsse, kivideta ja poolitatud
- 1 spl mett
- 1 spl hakitud pistaatsiapähklid

JUHISED:
a) Röstige täisteraleiva viilud oma maitse järgi.
b) Määri igale röstitud saiaviilule rikkalik kiht ricotta juustu.
c) Katke ricotta värskete kirsipoolikutega, asetades need ühtlaselt.
d) Nirista kirssidele mett, tagades selle ühtlase jaotumise.
e) Puista hakitud pistaatsiapähklid tartiinide peale, et lisada krõmpsu ja maitset.

22.Tomati ja feta omlett

KOOSTISOSAD:
- 2 tl oliiviõli
- 4 muna, lahtiklopitud
- 8 kirsstomatit, tükeldatud
- 50 g fetajuustu, murendatud
- segatud salatilehed, serveerimiseks (valikuline)

JUHISED:

a) Kuumuta pannil õli, lisa munad ja küpseta neid aeg-ajalt keerutades. Mõne minuti pärast puista feta ja tomatid laiali. Enne serveerimist küpseta veel minut.

b) Kuumuta kaanega pannil õli, seejärel küpseta sibulat, tšillit, küüslauku ja koriandrivarsi 5 minutit pehmeks. Sega hulka tomatid, seejärel hauta 8-10 minutit.

c) Kastke suure lusika tagaküljega kastmesse 4 kastet, seejärel lööge igasse kastmesse muna. Katke pannile kaas, seejärel keetke tasasel tulel 6-8 minutit , kuni munad on teie maitse järgi küpsenud.

d) Puista peale koriandrilehti ja serveeri leivaga.

23.Kreeka jogurt mee ja pähklitega

KOOSTISOSAD:
- Kreeka jogurt
- Kallis
- Mandlid, hakitud
- Kreeka pähklid, hakitud
- Värsked marjad (valikuline)

JUHISED:
a) Tõsta lusikaga kaussi kreeka jogurt.
b) Nirista jogurtile mett.
c) Puista peale hakitud mandleid ja kreeka pähkleid.
d) Soovi korral lisa värskeid marju.

24. Maroko hommikusöögikauss

KOOSTISOSAD:
- Keedetud kinoa
- Hummus
- Kurk, tükeldatud
- Kirsstomatid, poolitatud
- Kalamata oliivid, viilutatud

JUHISED:
a) Tõsta lusikaga kaussi keedetud kinoa.
b) Lisa hummuse nukud.
c) Puista laiali tükeldatud kurk, poolitatud kirsstomatid ja viilutatud Kalamata oliivid.
d) Enne nautimist sega kokku.

25.Maroko vürtsidega kohv

KOOSTISOSAD:
- ¼ tl jahvatatud kaneeli
- ⅛ tl jahvatatud kardemoni
- 1 tass kanget keedetud kohvi
- ⅛ tl jahvatatud nelki
- ¼ tl jahvatatud muskaatpähklit
- Suhkur või mesi maitse järgi (valikuline)
- Piim või koor (valikuline)

JUHISED:
a) Alustage tugeva kohvi valmistamisega, kasutades oma eelistatud kohvimasinat. Otsige värskelt jahvatatud kohviube, et nautida maitse ülimat värskust.
b) Kohvi valmistamise ajal valmistage vürtsisegu.
c) Segage väikeses kausis jahvatatud kaneel, jahvatatud kardemon, jahvatatud nelk ja jahvatatud muskaatpähkel. Segage need vürtsid põhjalikult.
d) Niipea kui kohv on valmistatud, viige see kohvikruusi.
e) Piserdage vürtsisegu värskelt keedetud kohvile.
f) Reguleerige vürtside koguseid vastavalt oma maitsele. Võite alustada kaasasolevatest mõõtudest ja lisada rohkem, et saada julgemat vürtsi.
g) Soovi korral magustage oma Maroko vürtsidega kohvi oma maitse järgi suhkru või meega.
h) Segage, kuni magusaine on täielikult lahustunud.
i) Kreemja puudutuse saamiseks kaaluge selles etapis tilga piima või koore lisamist.
j) Segage kohvi intensiivselt, et vürtsid ja magusaine ühtlaselt jaotuks.
k) Nautige oma Maroko vürtsidega kohvi, kui see on kuum.

26.Maroko avokaado ja tomati salat

KOOSTISOSAD:
- 2 küpset avokaadot, tükeldatud
- 2 tomatit, tükeldatud
- 1/4 tassi punast sibulat, peeneks hakitud
- 2 spl värsket peterselli, hakitud
- 1 spl oliiviõli
- 1 spl sidrunimahla
- Sool ja pipar, maitse järgi

JUHISED:
a) Sega kausis kuubikuteks lõigatud avokaadod, tomatid, punane sibul ja värske petersell.
b) Vahusta väikeses kausis oliiviõli, sidrunimahl, sool ja pipar.
c) Vala kaste salatile ja sega õrnalt läbi.
d) Serveeri kohe värskendava lisandina.

27.Maroko Msemen (ruudukujulised pannkoogid)

KOOSTISOSAD:
- 3 tassi universaalset jahu
- 1 tass peent manna
- 1 tl soola
- 1 spl suhkrut
- 1 spl pärmi
- 1 1/2 kuni 2 tassi sooja vett
- Oliiviõli harjamiseks

JUHISED:
a) Sega suures kausis omavahel jahu, manna, sool, suhkur ja pärm.
b) Lisa vähehaaval soe vesi ja sõtku, kuni saad pehme elastse taina.
c) Jagage tainas golfipalli suurusteks osadeks.
d) Tasandage iga pall õhukeseks ruuduks või ristkülikuks.
e) Pintselda ruudu mõlemat külge oliiviõliga.
f) Küpseta ruudud kuumal grillil või pannil mõlemalt poolt kuldpruuniks.
g) Serveeri soojalt mee või moosiga.

SUUPÄID JA SUUPÖÖD

28.Maroko hummus koos Harissaga

KOOSTISOSAD:
- 1 purk (15 untsi) kikerherneid, nõrutatud ja loputatud
- 3 supilusikatäit tahini
- 2 küüslauguküünt, hakitud
- 2 spl oliiviõli
- 1 sidruni mahl
- 1 tl jahvatatud köömneid
- Sool ja pipar maitse järgi
- Kaunistuseks Harissa pasta
- Kaunistuseks hakitud värsket peterselli

JUHISED:
a) Sega köögikombainis omavahel kikerherned, tahini, küüslauk, oliiviõli, sidrunimahl, köömned, sool ja pipar.
b) Blenderda ühtlaseks ja kreemjaks.
c) Tõsta hummus serveerimisnõusse.
d) Tee keskele süvend ja lisa tilk harissapastat.
e) Kaunista hakitud peterselliga.
f) Serveeri pitaleiva või köögiviljapulkadega.

29.Maroko täidisega datlid

KOOSTISOSAD:
- Medjool datlid, kivideta
- Kreemjas kitsejuust
- Kreeka pähklid või mandlid, terved või poolitatud
- Mesi niristamiseks
- Puistamiseks jahvatatud kaneel

JUHISED:
a) Võtke iga kivideta datli ja täitke see väikese koguse kreemja kitsejuustuga.
b) Suru juustu sisse pähkel või mandel.
c) Laota täidetud datlid serveerimistaldrikule.
d) Nirista datlitele mett peale.
e) Puista peale jahvatatud kaneel.
f) Serveeri magusa ja soolase Maroko suupistena.

30.Maroko spinat ja feta briouats

KOOSTISOSAD:
- 1 tass keedetud spinatit, tükeldatud ja nõrutatud
- 1/2 tassi murendatud fetajuustu
- 1/4 tassi hakitud värsket koriandrit
- 1/4 tassi hakitud rohelist sibulat
- 1 tl jahvatatud köömneid
- Sool ja pipar maitse järgi
- Phyllo taigna lehed
- Sulatatud või pintseldamiseks

JUHISED:
a) Kuumuta ahi temperatuurini 375 °F (190 °C).
b) Segage kausis keedetud spinat, fetajuust, koriander, roheline sibul, köömned, sool ja pipar.
c) Võta filotainaleht ja pintselda seda kergelt sulavõiga.
d) Aseta filolehe ühte otsa lusikatäis spinati ja feta segu.
e) Voldi filo kolmnurga moodustamiseks täidise peale.
f) Jätkake voltimist kolmnurkseks.
g) Aseta briuaadid ahjuplaadile ja pintselda pealt sulavõiga.
h) Küpseta eelkuumutatud ahjus 15-20 minutit või kuni kuldpruunini.
i) Enne serveerimist lase veidi jahtuda.

31.Maroko Merguezi vorst

KOOSTISOSAD:
- 2 tl köömneid
- 2 tl apteegitilli seemneid
- 2 tl koriandri seemneid
- 2 supilusikatäit paprikat
- 3 tl jahvatatud Cayenne'i pipart
- 1 tl jahvatatud kaneeli
- 1 tl jahvatatud sumahhi (valikuline)
- 3 naela jahvatatud lambaliha
- 1/2 tassi ekstra neitsioliiviõli
- 1 tass värsket koriandrit, peeneks hakitud
- 1/2 tassi värskeid piparmündi lehti, peeneks hakitud 6 suurt küüslauguküünt, peeneks hakitud 4 tl koššersoola

JUHISED:
a) Sega paksu põhjaga pannil või malmpannil köömned, apteegitilli ja koriandri seemned ning rösti keskmisel kuumusel 2 minutit või kuni lõhnavad. Laske veidi jahtuda, seejärel jahvatage maitseaineveskis peeneks ja pulbriks. (Märkus: tervete vürtside asemel võite kasutada ka jahvatatud vürtse, kuid maitse on parem tervete vürtsidega)
b) Kombineerige jahvatatud röstitud vürtsid paprika, Cayenne'i, kaneeli ja sumakiga. Segage suures kausis vürtsid jahvatatud lambaliha, õli, koriandri, piparmündi, küüslaugu ja soolaga ning segage, kuni need on hästi segunenud (ma kasutan mikserit, et kõik oleks ühtlaselt segunenud).
c) Soovi korral prae pannil väike kogus liha ja maitse kontrollimiseks maitsesta. Kohandage maitseaineid vastavalt soovile.
d) Vormimiseks rullige maitsestatud lambaliha segu väikesteks torudeks, mille pikkus on umbes 4 tolli ja laius 1 tolli. Soovi korral võid teha ka pätsikesi. Vorsti saab kohe küpsetada või piiramatult pakkida ja sügavkülma panna. Küpsetamiseks grillige vorsti või küpsetage pannil, kuni see on küpsenud.

32. Maroko maksakebab

KOOSTISOSAD:
- 8 untsi neerurasva, valikuline, kuid soovitatav, kuubikuteks lõigatud
- 2,2 naela värske vasika- või lambamaks (eelistatavalt vasikamaks), eemaldage läbipaistev membraan, lõigake ¾-tollisteks kuubikuteks

MARINAAD
- 2 spl jahvatatud magusat paprikat
- 2 tl soola
- 1 tl jahvatatud köömneid

SERVEERIMA
- 2 tl jahvatatud köömneid
- 2 tl Cayenne'i pipart (valikuline)
- 2 tl soola

Juhised :
a) Asetage maks ja rasv kaussi ja segage hästi.
b) Puista peale paprikat, soola ja köömneid ning sega veel kord, kuni see on hästi kaetud.
c) Kata kauss ja pane 1-8 tunniks külmkappi.
d) 30 minutit enne grillimist võta kauss külmkapist välja.
e) Seadke grill üles ja eelsoojendage see keskmise või kõrge kuumusega.
f) Kinnitage maksakuubikud vaheldumisi neerurasvakuubikutega varrastele, jätmata vahele vahet. Aseta igale vardale umbes 6–8 maksakuubikut.
g) Aseta ettevalmistatud vardad grillile ja grilli umbes 8 - 10 minutit, sageli keerates. Maks peaks olema seest hästi küpsenud ja vajutades käsnjas.
h) Serveeri kuumalt.

33. Maroko jamssiga köögiviljaburgerid

KOOSTISOSAD:

- 1,5 tassi riivitud jamsi
- 2 küüslauguküünt, kooritud
- ¾ tassi värskeid koriandri lehti
- 1 tükk värsket ingverit, kooritud
- 15-untsine purk kikerherneid, nõrutatud ja loputatud
- 2 spl jahvatatud lina segada 3 spl veega
- ¾ tassi valtsitud kaera, jahvatatud jahuks
- ½ supilusikatäit seesamiõli
- 1 supilusikatäis kookosaminoosi või madala naatriumisisaldusega tamari
- ½–¾ tl peeneteralist meresoola või roosat Himaalaja soola maitse järgi
- Värskelt jahvatatud must pipar, maitse järgi
- 1 ½ tl tšillipulbrit
- 1 tl köömneid
- ½ tl koriandrit
- ¼ teelusikatäit kaneeli
- ¼ teelusikatäit kurkumit
- ½ tassi cilantro-laimi tahini kastet

JUHISED:

a) Kuumuta ahi 350 F-ni. Vooderda ahjuplaat küpsetuspaberiga.
b) Koori jamss. Kasutades tavalise suurusega resti auku, riivige jamssi, kuni teil on 1,5 kergelt pakitud tassi. Aseta kaussi.
c) Eemaldage köögikombaini riiv ja lisage tavaline "s" tera. Haki küüslauk, koriander ja ingver peeneks hakitud.
d) Lisa nõrutatud kikerherned ja töötle uuesti peeneks hakitud, kuid jäta veidi tekstuuri alles. Vala see segu kaussi.
e) Sega kausis kokku lina ja vee segu.
f) Jahvata kaer segisti või köögikombaini abil jahuks. Või võite kasutada ¾ tassi + 1 spl eeljahvatatud kaerajahu. Sega see segusse koos linaseguga.
g) Nüüd segage õli, aminod / tamari, sool / pipar ja vürtsid, kuni need on põhjalikult ühendatud. Reguleeri soovi korral maitse järgi.
h) Vormi 6-8 pätsikest, pakkides segu tugevasti kokku. Asetage küpsetusplaadile.
i) Küpseta 15 minutit, seejärel pööra ettevaatlikult ümber ja küpseta veel 18–23 minutit, kuni see on kuldne ja tahke. Jahuta pannil.

34.Täidetud tomatid

KOOSTISOSAD:
- 8 väikest tomatit või 3 suurt
- 4 kõvaks keedetud muna, jahutatud ja kooritud
- 6 supilusikatäit Aioli või majoneesi
- Sool ja pipar
- 1 spl petersell, hakitud

JUHISED:
a) Kastke tomatid jää- või ülikülma veega kaussi, kui olete neid 10 sekundit keevas vees pannil nülginud.
b) Lõika tomatite pealsed ära. Kraabi teelusika või väikese terava noaga seemned ja sisemus ära.
c) Püreesta munad Aioli (või majoneesi), soola, pipra ja peterselliga segamisnõus.
d) Täida tomatid täidisega, surudes need tugevasti alla. Asetage väikestel tomatitel kaaned tormaka nurga all tagasi.
e) Täida tomatid ülaosani, vajutades tugevalt, kuni need on tasased. Hoia 1 tund külmkapis, enne kui lõikad terava nikerdusnoaga rõngasteks.
f) Kaunista peterselliga.

35.Labneh oliiviõli ja Za'atariga

KOOSTISOSAD:
- Labneh (kurnatud jogurt)
- Ekstra neitsioliiviõli
- Za'atar vürtsisegu
- Pita leib või täistera kreekerid
- Kaunistuseks värsked piparmündilehed

JUHISED:
a) Aseta labneh kaussi.
b) Nirista peale oliiviõli.
c) Puista peale Za'atari vürtsi.
d) Serveeri pitaleiva või kreekeritega.
e) Kaunista värskete piparmündilehtedega.

36.Soola-tursafilee Aioliga

KOOSTISOSAD:
- 1 nael soola tursk, leotatud
- 3 ½ untsi kuivatatud valget riivsaia
- ¼ naela jahuseid kartuleid, keedetud ja püreestatud
- Oliiviõli, madalaks praadimiseks
- Aioli

JUHISED:
a) Sega kastrulis piim ja pool sibulatest, lase keema tõusta ja hauta leotatud turska 10–15 minutit, kuni see kergesti helbeks läheb. Eemaldage luud ja nahk, seejärel helvestage tursk kaussi.
b) Viska sisse 4 supilusikatäit kartulipüreed tursaga ja sega puulusikaga.
c) Töötle oliiviõliga, seejärel lisa järk-järgult ülejäänud kartulipuder. Kombineeri segamisnõus ülejäänud talisibul ja petersell.
d) Maitsesta sidrunimahla ja pipraga maitse järgi.
e) Klopi eraldi kausis lahti üks muna, kuni see on hästi segunenud, seejärel jahuta, kuni see on tahke.
f) Veereta jahutatud kalasegust 12-18 palli, seejärel lameda õrnalt väikesteks ümarateks kookideks. Jahutage igaüks, kastke lahtiklopitud munasse ja katke kuiva riivsaiaga. Hoia praadimiseks valmis külmkapis.
g) Kuumuta suurel raskel pannil umbes ¾-tolline õli. Küpseta fritüüri umbes 4 minutit keskmisel-kõrgel kuumusel.
h) Pöörake need ümber ja küpseta veel 4 minutit või kuni need on teiselt poolt krõbedad ja kuldsed.
i) Nõruta enne Aioliga serveerimist paberrätikutel.

37.Krevettide kroketid

KOOSTISOSAD:
- 3 ½ untsi võid
- 4 untsi tavalist jahu
- 1 ¼ pinti külma piima
- 14 untsi keedetud kooritud krevette, tükeldatud
- Oliiviõli friteerimiseks

JUHISED:
a) Keskmises kastrulis sulatage või ja lisage pidevalt segades jahu.
b) Nirista pidevalt segades aeglaselt sisse jahutatud piim, kuni saad paksu ühtlase kastme.
c) Lisa krevetid, maitsesta ohtralt soola ja pipraga ning klopi sisse tomatipasta. Küpseta veel 7–8 minutit.
d) Võtke napp supilusikatäis segu ja rullige see krokettide moodustamiseks 1,5–2-tolliseks silindriks.
e) Kuumutage suurel paksupõhjalisel pannil praadimiseks õli, kuni see jõuab 350 °F-ni või saiakuubik muutub 20–30 sekundiga kuldpruuniks.
f) Prae krokette umbes 5 minutit kuni 3 või 4 kaupa, kuni need on kuldpruunid.
g) Eemalda kroketid lusikaga, nõruta majapidamispaberil ja serveeri kohe.

38.Krõbedad krevettid

KOOSTISOSAD:
- ½ naela väikesi krevette, kooritud
- 1½ tassi kikerhernest või tavalist jahu
- 1 spl hakitud värsket lamedalehelist peterselli
- 3 talisibulat, valge osa ja veidi õrnrohelisi pealseid, peeneks hakitud
- ½ tl magusat paprikat/pimentoni

JUHISED:
a) Küpseta krevetid kastrulis nii palju vett, et need oleksid kaetud, ja kuumuta kõrgel kuumusel keema.
b) Taigna saamiseks segage kausis jahu, petersell, talisibul ja pipar. Lisa näputäis soola ja jahutatud keeduvesi.
c) Blenderda või töötle, kuni tekstuur on veidi paksem kui pannkoogitaignas. Tõsta 1 tunniks külmkappi.
d) Haki krevetid peeneks.
e) Eemaldage tainas külmkapist ja segage hakitud krevetid.
f) Kuumuta tugeval pannil oliiviõli kõrgel kuumusel peaaegu suitsemiseni.
g) Valage iga fritüüri jaoks õlisse 1 supilusikatäis tainast, tasandage 3,5 tollise läbimõõduga.
h) Prae umbes 1 minut mõlemalt poolt või kuni fritüürid on kuldsed ja krõbedad.
i) Eemaldage fritüürid lusikaga ja asetage need ahjuvormi.
j) Serveeri kohe.

39. Kalamari rosmariini ja tšilliõliga

KOOSTISOSAD:
- 1 nael värsket kalamari, puhastatud ja rõngasteks lõigatud
- ½ tassi oliiviõli
- 2 küüslauguküünt, hakitud
- 1 spl värsket rosmariini, peeneks hakitud
- 1 tl punaseid tšillihelbeid (maitse järgi)

JUHISED:
a) Kuumuta oliiviõli suurel pannil keskmisel kuumusel.
b) Lisa pannile hakitud küüslauk, hakitud rosmariin ja punased tšillihelbed. Küpseta 1-2 minutit, kuni küüslauk on lõhnav.
c) Lisage pannile viilutatud kalamari, segades, et need kattuksid maitseõliga. Küpseta 2-3 minutit või kuni kalamari on läbipaistmatu ja just läbi küpsenud.
d) Maitsesta soola ja pipraga maitse järgi.
e) Tõsta pann tulelt ja tõsta kalamari serveerimistaldrikule.
f) Nirista kalamaridele järelejäänud maitseõli.
g) Kaunista hakitud värske peterselliga ja serveeri kuumalt koos sidruniviiludega.

40.Tortellini salat

KOOSTISOSAD:
- 1 pakk kolmevärvilist juustutortellinit
- ½ tassi kuubikuteks lõigatud pepperoni
- ¼ tassi viilutatud talisibulat
- 1 kuubikuteks lõigatud roheline paprika
- 1 tass poolitatud kirsstomateid

JUHISED:
a) Küpseta tortellini vastavalt pakendi juhistele, seejärel nõruta.
b) Viska tortellini kuubikuteks lõigatud pepperoni, viilutatud talisibula, kuubikuteks lõigatud rohelise paprika, poolitatud kirsstomatite ja muude soovitud koostisosadega suurde segamisnõusse.
c) Nirista peale Itaalia kastet.
d) Kombineerimiseks viska kõik kokku.
e) Enne serveerimist jäta 2 tunniks jahtuma.

41.Caprese pasta salat

KOOSTISOSAD:
- 2 tassi keedetud penne pasta
- 1 tass pestot
- 2 tükeldatud tomatit
- 1 tass kuubikuteks lõigatud mozzarella juustu
- Sool ja pipar maitse järgi

JUHISED:
a) Keeda pasta vastavalt pakendi juhistele, seejärel nõruta.
b) Segage pasta suures segamiskausis pesto, tükeldatud tomatite ja kuubikuteks lõigatud mozzarella juustuga.
c) Maitsesta soola, pipra ja oreganoga.
d) Nirista peale punase veini äädikat.
e) Enne serveerimist pane 1 tund külmkappi seisma.

42. Balsamico röstsai

KOOSTISOSAD:
- 1 tass seemnetest puhastatud ja kuubikuteks lõigatud roma tomateid
- ¼ tassi hakitud basiilikut
- ½ tassi riivitud pecorino juustu
- 1 hakitud küüslauguküüs
- 1 spl palsamiäädikat

JUHISED:
a) Segage segamisnõus kuubikuteks lõigatud tomatid, hakitud basiilik, riivitud pecorino juust ja hakitud küüslauk.
b) Sega väikeses segamiskausis kokku palsamiäädikas ja 1 spl oliiviõli; kõrvale panema.
c) Määri prantsuse leiva viilud oliiviõliga ning puista üle küüslaugupulbri ja basiilikuga.
d) Asetage saiaviilud küpsetuspannile ja röstige 5 minutit 350 kraadi juures.
e) Tõsta ahjust välja ja tõsta röstitud saiale tomati-juustuseguga.
f) Vajadusel maitsesta soola ja pipraga.
g) Serveeri kohe.

43.Pitsapallid

KOOSTISOSAD:
- 1 nael purustatud jahvatatud vorsti
- 2 tassi Bisquicki segu
- 1 hakitud sibul
- 3 hakitud küüslauguküünt
- 2 tassi riivitud mozzarella juustu

JUHISED:
a) Kuumuta ahi 400 kraadi Fahrenheiti järgi.
b) Sega kausis purustatud jahvatatud vorst, Bisquicki segu, hakitud sibul, hakitud küüslauk ja riivitud mozzarella juust.
c) Lisage täpselt nii palju vett, et segu oleks toimiv.
d) Veereta segu 1-tollisteks pallideks.
e) Asetage pallid ettevalmistatud ahjuplaadile.
f) Nirista pitsapallidele peale parmesani.
g) Küpseta eelkuumutatud ahjus 350 ° F juures 20 minutit.
h) Serveeri koos ülejäänud pitsakastmega küljele kastmiseks.

44.Kammkarbi ja prosciutto hammustused

KOOSTISOSAD:
- ½ tassi õhukeseks viilutatud prosciutto
- 3 supilusikatäit toorjuustu
- 1 kilo kammkarpe
- 3 supilusikatäit oliiviõli
- 3 hakitud küüslauguküünt

JUHISED:
a) Kandke igale prosciutto viilule väike kate toorjuustu.
b) Järgmisena mässige iga kammkarbi ümber prosciutto viil ja kinnitage see hambaorkuga.
c) Kuumuta pannil oliiviõli.
d) Küpseta küüslauku 2 minutit pannil.
e) Lisa fooliumisse mähitud kammkarbid ja küpseta 2 minutit mõlemalt poolt.
f) Suru liigne vedelik paberrätikuga välja.

45. Baklažaanid meega

KOOSTISOSAD:
- 3 supilusikatäit mett
- 3 baklažaani
- 2 tassi piima
- 1 supilusikatäis soola
- 100 g jahu

JUHISED:
a) Lõika baklažaanid õhukesteks viiludeks.
b) Segamisnõus ühenda baklažaanid. Valage basseini nii palju piima, et baklažaanid oleksid täielikult kaetud. Maitsesta näpuotsatäie soolaga.
c) Jäta vähemalt üheks tunniks leotama.
d) Võtke baklažaanid piimast välja ja asetage kõrvale. Määri iga viil jahu ja soola-pipra seguga.
e) Kuumuta pannil oliiviõli. Prae baklažaaniviilud 180 kraadi juures.
f) Aseta praetud baklažaanid paberrätikutele, et liigne õli imenduks.
g) Määri baklažaanid meega.
h) Serveeri kohe.

46. Röstitud punane pipar ja feta kaste

KOOSTISOSAD:
- 1 kl röstitud punast paprikat (purgist), nõrutatud
- 1/2 tassi fetajuustu, purustatud
- 2 spl ekstra neitsioliiviõli
- 1 tl kuivatatud pune
- 1 küüslauguküüs, hakitud

JUHISED:
a) Sega köögikombainis röstitud punane paprika, feta, oliiviõli, hakitud küüslauk ja pune ühtlaseks massiks.
b) Tõsta serveerimisnõusse.
c) Serveeri pitakrõpsude või köögiviljapulkadega.

47.Hispaania – Maroko veiseliha kebab

KOOSTISOSAD:
- ½ tassi apelsinimahla
- 2 tl Oliiviõli
- 1½ tl sidrunimahla
- 1 tl Kuivatatud pune
- 10 untsi kondita lahja veiseliha, lõigatud 2-tollisteks kuubikuteks

JUHISED:

a) Marinaadi valmistamiseks sega kausis apelsinimahl, oliiviõli, sidrunimahl ja kuivatatud pune.

b) Lisa veiselihakuubikud marinaadile, viska katteks. Tõsta vähemalt 2 tunniks või üleöö külmkappi.

c) Eelsoojendage grill ja katke rest mittenakkuva küpsetusspreiga.

d) Lõika varrastele marineeritud veiselihakuubikud.

e) Grillige kebabi 15-20 minutit, keerates ja pintseldades sageli reserveeritud marinaadiga, kuni olete oma maitse järgi valmis.

f) Serveeri kuumalt.

48. Maroko Avokaado Hummus

KOOSTISOSAD:
- 1 tass hummust
- 1 küps avokaado, tükeldatud
- 1 spl sidrunimahla
- 1 spl hakitud värsket peterselli
- 1 supilusikatäis piinia pähkleid (valikuline)

JUHISED:
a) Voldi kausis tükeldatud avokaado õrnalt hummuse hulka.
b) Nirista segule sidrunimahla.
c) Puista peale hakitud petersell ja piiniaseemned.
d) Serveeri täistera kreekerite või kurgiviiludega.

49. Maroko tomati röstsai

KOOSTISOSAD:
- 4 küpset tomatit, tükeldatud
- 1/4 tassi värsket basiilikut, hakitud
- 2 spl ekstra neitsioliiviõli
- 1 küüslauguküüs, hakitud
- Sool ja pipar maitse järgi

JUHISED:
a) Sega kausis kuubikuteks lõigatud tomatid, hakitud basiilik, hakitud küüslauk ja oliiviõli.
b) Maitsesta soola ja pipraga.
c) Lase segul 15-20 minutit marineerida.
d) Tõsta tomatisegu lusikaga röstitud baguette'i viiludele.

50.Krõmpsuv Itaalia popkorni segu

KOOSTISOSAD:
- 10 tassi Popkorn
- 3 tassi Bugle-kujulised maisi suupisted
- ¼ tassi Margariin või või
- 1 teelusikatäis Itaalia maitseaine
- ⅓ tassi parmesani juust

JUHISED:

a) Segage suures mikrolaineahjus kausis popkorn ja maisi suupisted.

b) Segage 1-tassi mikroohutult ülejäänud koostisosad , välja arvatud juust.

c) Küpseta mikrolaineahjus 1 minut režiimil HIGH või kuni margariin sulab; segage. Vala peale popkorni segu.

d) Sega, kuni kõik on ühtlaselt kaetud. Mikrolaineahjus, kaaneta, 2–4 minutit kuni röstimiseni, segades iga minut. Peal tuleks puistata parmesani juustu.

e) Serveeri kuumalt.

51.Punane pipar ja feta kaste

KOOSTISOSAD:
- 1 tass röstitud punast paprikat (poest ostetud või omatehtud)
- ½ tassi fetajuustu, purustatud
- 1 küüslauguküüs, hakitud
- 1 tl sidrunimahla
- Sool ja pipar maitse järgi

JUHISED:
a) Sega köögikombainis kõik koostisosad ühtlaseks massiks.
b) Serveeri dipikastme täistera pitakrõpsudega.

52. Maroko hummuse dip

KOOSTISOSAD:
- 1 tass hummust
- 2 spl ekstra neitsioliiviõli
- 1 tl paprikat
- 1 spl hakitud värsket peterselli
- 1 küüslauguküüs, hakitud

JUHISED:
a) Sega kausis hummus ja hakitud küüslauk.
b) Nirista hummusele oliiviõli.
c) Puista peale paprika ja hakitud petersell.
d) Serveeri pitaleiva või värskete köögiviljapulkadega.

53.Feta ja oliivi tapenaad

KOOSTISOSAD:
- 1 tass Kalamata oliive, kivideta
- 1 tass fetajuustu, purustatud
- 2 spl ekstra neitsioliiviõli
- 1 tl kuivatatud pune
- 1 sidruni koor

JUHISED:
a) Sega köögikombainis kokku oliivid, feta, oliiviõli ja pune.
b) Pulse, kuni segu saavutab soovitud konsistentsi.
c) Sega juurde sidrunikoor.
d) Serveeri kreekerite või viilutatud baguette'iga.

54.Maroko täidisega viinamarjalehed

KOOSTISOSAD:
- 1 purk viinamarjalehti, nõrutatud
- 1 tass keedetud kinoat
- 1/2 tassi murendatud fetajuustu
- 1/4 tassi Kalamata oliive, tükeldatud
- 2 spl ekstra neitsioliiviõli

JUHISED:

a) Sega kausis keedetud kinoa, feta ja hakitud Kalamata oliivid.

b) Asetage viinamarjaleht tasasele pinnale, lisage lusikatäis kinoa segu ja rullige tihedaks silindriks.

c) Korrake, kuni kõik viinamarjalehed on täidetud.

d) Nirista oliiviõli täidetud viinamarjalehtedele.

e) Serveeri jahutatult.

PÕHIROOG

55.Maroko kanaliha

KOOSTISOSAD:

- 200 g beebiporgandit
- 2 punast sibulat, kooritud ja kumbki 8 viiluks lõigatud
- 2 spl oliiviõli
- 2 spl ras-el-hanout
- 200 ml kanapuljongit
- 150 g kuskussi
- 4 kanarinda, nahk peal
- 2 kabatšokki
- 1 x 400g purki kurnatud ja loputatud kikerherneid
- 50 ml vett
- 4 spl hakitud koriandrit
- Sidrunimahl, maitse järgi
- 15 g näksitud pistaatsiapähklit, jämedalt hakitud
- Meresool ja värskelt jahvatatud must pipar
- Roosi kroonlehed, serveerimiseks (valikuline)

JUHISED:

a) Kuumuta ahi 220°C/200°C ventilaator/gaas 7.
b) Pese porgandid, lõigake suuremad pikuti pooleks. Aseta koos sibulaga suurele ahjuplaadile. Nirista peale 1 supilusikatäis oliiviõli ja puista peale 1 spl ras-el-hanouti, kuni see on ühtlaselt kaetud. Aseta 10 minutiks ahju.
c) Valage kanapuljong väikesele pannile, asetage keskmisele või kõrgele tulele ja laske keema tõusta. Pane kuskuss vähese soola ja pipraga kaussi. Vala peale kuum puljong, kata toidukilega ja tõsta kõrvale, et vedelik imenduks.
d) Lõika kananahk terava noaga, maitsesta soola ja pipraga ning puista peale ½ supilusikatäit ras-el-hanouti.
e) Lõika iga kabatšokk pikuti neljaks ja seejärel 5 cm pikkusteks tükkideks, seejärel puista peale ülejäänud ½ supilusikatäit ras-el-hanouti. Võta plaat ahjust ning lisa kabatšokid ja kikerherned. Aseta peale kanarind ja nirista peale ülejäänud supilusikatäis oliiviõli. Lisa vesi panni põhja ja tõsta 15 minutiks kõrgele riiulile tagasi ahju.
f) Vahepeal ava kuskuss ja aja see kahvliga kohevaks. Sega juurde koriander, seejärel lisa sidrunimahl ning maitse järgi soola ja pipart.
g) Eemaldage röstimisplaat ahjust ja puistake peale pistaatsiapähklid ja roosi kroonlehed (kui kasutate). Tooge lauale ja serveerige otse aluselt.

56.Maroko kikerherne tagine

KOOSTISOSAD:
- 2 spl oliivõli
- 1 sibul, tükeldatud
- 3 küüslauguküünt, hakitud
- 1 tl jahvatatud köömneid
- 1 tl jahvatatud koriandrit
- ½ tl jahvatatud kaneeli
- ½ tl jahvatatud ingverit
- ¼ tl Cayenne'i pipart (valikuline, soojendamiseks)
- 1 purk (14 untsi) kuubikuteks lõigatud tomateid
- 2 tassi keedetud kikerherneid (või 1 purk, nõrutatud ja loputatud)
- 1 tass köögiviljapuljongit
- 1 tass tükeldatud porgandit
- 1 tass tükeldatud kartulit
- ½ tassi hakitud kuivatatud aprikoose
- ¼ tassi hakitud värsket koriandrit (lisaks veel kaunistuseks)
- Sool ja pipar maitse järgi

JUHISED:

a) Kuumuta suures potis või tagine oliiviõli keskmisel kuumusel. Lisa tükeldatud sibul ja hakitud küüslauk ning prae, kuni sibul muutub läbipaistvaks ja lõhnavaks.

b) Lisa potti jahvatatud köömned, jahvatatud koriander, jahvatatud kaneel, jahvatatud ingver ja cayenne'i pipar (kui kasutad). Sega hästi, et sibul ja küüslauk oleks vürtsidega kaetud.

c) Valage kuubikuteks lõigatud tomatid (koos mahlaga) ja segage vürtsidega.

d) Lisa potti keedetud kikerherned, köögiviljapuljong, tükeldatud porgand, kuubikuteks lõigatud kartul ja tükeldatud kuivatatud aprikoosid. Segage, et lisada kõik koostisosad.

e) Kuumuta segu keemiseni, seejärel alanda kuumust madalale. Kata pott kaanega ja hauta umbes 45 minutit kuni 1 tund või kuni köögiviljad on pehmed ja maitsed kokku sulanud.

f) Sega juurde hakitud värske koriander ning maitsesta soola ja pipraga.

g) Hauta tagiinit veel 5 minutit, et maitsed seguneksid.

h) Serveeri Maroko kikerherne tagine kaussides, kaunistatud täiendava hakitud värske koriandriga.

57. Maroko kikerhernehautis

KOOSTISOSAD:
- 1 spl oliiviõli
- 1 sibul, tükeldatud
- 2 küüslauguküünt, hakitud
- 1 porgand, tükeldatud
- 1 punane paprika, tükeldatud
- 1 tl jahvatatud köömneid
- 1 tl jahvatatud koriandrit
- ½ tl jahvatatud kurkumit
- ½ tl jahvatatud kaneeli
- 1 purk (14 untsi) kuubikuteks lõigatud tomateid
- 2 tassi keedetud kikerherneid (või 1 purk, loputatud ja nõrutatud)
- 2 tassi madala naatriumisisaldusega köögiviljapuljongit
- Sool ja pipar maitse järgi
- Värske koriander või petersell, hakitud, kaunistamiseks

JUHISED:
a) Kuumuta suures potis keskmisel kuumusel oliiviõli. Lisa sibul, küüslauk, porgand ja punane paprika. Küpseta, kuni köögiviljad on pehmenenud.
b) Lisa potti köömned, koriander, kurkum ja kaneel. Sega hästi, et köögiviljad oleksid vürtsidega kaetud.
c) Vala sisse tükeldatud tomatid, kikerherned ja köögiviljapuljong. Maitsesta soola ja pipraga maitse järgi.
d) Kuumuta hautis keemiseni, seejärel alanda kuumust ja hauta 15-20 minutit, et maitsed seguneksid.
e) Serveerige Maroko kikerhernehautist värske koriandri või peterselliga.

58.Maroko vürtsidega kikerhernekausid

KOOSTISOSAD:
- 3 supilusikatäit (45 ml) avokaado- või ekstra neitsioliiviõli, jagatud
- ½ keskmist sibulat, tükeldatud
- 2 küüslauguküünt, hakitud
- 2 teelusikatäit (4 g) harissat
- 1 tl (5 g) tomatipastat
- 2 tl (4 g) jahvatatud köömneid
- 1 tl (2 g) paprikat
- ½ tl jahvatatud kaneeli
- Koššersool ja värskelt jahvatatud must pipar
- 2 tassi (400 g) kurnatud kikerherneid
- 1 (14 untsi ehk 392 g) purk kuubikuteks lõigatud tomateid
- ¾ tassi (125 g) bulgurit
- 1½ tassi (355 ml) vett
- 8 pakitud tassi (560 g) hakitud lehtkapsast
- 2 avokaadot, kooritud, kivideta ja õhukesteks viiludeks
- 4 pošeeritud muna
- 1 retsept piparmündijogurtikastme

JUHISED:
a) Kuumuta 2 supilusikatäit (30 ml) õli pannil keskmisel kuumusel, kuni see hakkab läikima. Lisage sibul ja küpseta, aeg-ajalt segades, kuni see on pehme ja lõhnav, umbes 5 minutit. Segage küüslauk, harissa, tomatipasta, köömned, paprika, kaneel, sool ja pipar ning küpseta 2 minutit. Sega hulka kikerherned ja tomatid. Kuumuta keemiseni, seejärel alanda kuumust ja hauta 20 minutit. Vahepeal valmista bulgur.

b) Segage keskmises kastrulis bulgur, vesi ja näputäis soola. Kuumuta keemiseni. Alandage kuumust madalaks, katke kaanega ja hautage 10–15 minutit pehmeks.

c) Kuumuta ülejäänud 1 supilusikatäis (15 ml) õli pannil keskmisel kuumusel läikima. Lisa lehtkapsas ja maitsesta soolaga. Küpseta aeg-ajalt segades, kuni see on pehme ja närbunud, umbes 5 minutit.

d) Serveerimiseks jaga bulgur kausside vahel. Tõsta peale kikerherned ja tomatid, lehtkapsas, avokaado ja muna. Nirista piparmündijogurtikastmega.

59. Maroko hautatud lamba abatükk aprikoosiga

KOOSTISOSAD:
- 3 naela kondita lamba abatükk, lõigatud 1,5–2-tollisteks tükkideks
- Koššersool ja värskelt jahvatatud must pipar
- Ekstra neitsioliiviõli
- 1 kollane sibul, keskmise kuubikuna
- 1 porgand, kooritud ja lõigatud ½ tolli paksusteks ringideks
- 4 küüslauguküünt, hakitud
- 1 (1-tolline) tükk ingverit, kooritud ja hakitud
- 2 supilusikatäit ras el hanout
- 1 (14-15 untsi) purk kuubikuteks lõigatud tomatit
- 1 tass kanapuljongit
- ½ tassi vett
- ½ tassi kuivatatud aprikoose või kivideta datleid, tükeldatud
- ½ sidruni mahl
- ¼ tassi blanšeeritud mandleid, röstitud ja jämedalt hakitud, kaunistamiseks
- ¼ tassi terveid koriandri lehti kaunistamiseks

JUHISED:

a) Prae lambaliha. Kuumuta ahi temperatuurini 325 ° F. Maitsesta lambaliha 1 spl soola ja 1½ tl pipraga. Kuumuta Hollandi ahjus 1 spl oliiviõli keskmisel kuumusel kuumaks. Töötades partiidena ja lisades vajadusel rohkem õli, lisage lambaliha ühe kihina. Küpseta aeg-ajalt ümber pöörates 10–15 minutit partii kohta, kuni see on igast küljest hästi pruunistunud. Tõsta taldrikule.

b) Küpseta köögivilju. Visake potist kõik rasv, välja arvatud 1 supilusikatäis. Lisa sibul, porgand, küüslauk ja ingver. Küpseta, aeg-ajalt segades ja kaapides poti põhjast üles pruunistunud tükke (fond), 1–2 minutit, kuni sibul on veidi pehmenenud. Lisa ras el hanout. Küpseta sageli segades umbes 1 minut, kuni see lõhnab. Pange lambaliha koos kogunenud mahlaga potti tagasi ja segage vürtsidega kattumiseks korraks.

c) Hauta lambaliha. Lisa tomatid ja nende mahlad ning sega ühtlaseks. Maitsesta soola ja pipraga. Lisa puljong ja vesi ning sega korralikult läbi. Kuumuta keskmisel kuumusel keemiseni. Tõsta tulelt ja tõsta peale küpsetuspaberiring. Kata ja tõsta ahju. Hauta umbes 1 tund 45 minutit, kuni lambaliha on väga pehme.

d) Lõpeta hautamine. Eemaldage ahjust; visake pärgamendiring ära. Sega hulka aprikoosid ja lase 10–15 minutit seista, kuni aprikoosid on lihavad. Sega juurde sidrunimahl. Tõsta lambaliha serveerimisnõusse. Kaunista mandlite ja koriandrilehtedega ning serveeri.

60. Maroko lambaliha ja harissa burgerid

KOOSTISOSAD:
- 500 g lambahakkliha
- 2 supilusikatäit harissa pasta
- 1 supilusikatäis köömneid
- 2 kobarat pärandporgandit
- 1/2 kimp münti, lehed korjatud
- 1 spl punase veini äädikat
- 80 g punast Leicesteri juustu, jämedalt riivituna
- 4 seemnetega brioche kuklit, poolitatud
- 1/3 tassi (65 g) kodujuustu

JUHISED:
a) Vooderda ahjuplaat küpsetuspaberiga. Aseta hakkliha kaussi ja maitsesta ohtralt. Lisa 1 supilusikatäis harissat ja sega puhaste kätega korralikult läbi.

b) Vormi lambalihasegust 4 pätsi ja puista peale köömneid. Asetage ettevalmistatud alusele, katke ja jahutage, kuni vajate (enne küpsetamist viige pätsikesed toatemperatuurile).

c) Samal ajal sega kausis porgand, piparmünt ja äädikas ning tõsta veidi marineerimiseks kõrvale.

d) Kuumuta grill- või chargrillpann keskmisel-kõrgel kuumusel. Grilli pätsikesi mõlemalt poolt 4-5 minutit või kuni moodustub korralik koorik. Katke peal juustuga, katke (kasutage fooliumit, kui kasutate grillpanni) ja küpsetage ilma pööramata veel 3 minutit või kuni juust on sulanud ja pätsikesed küpsed.

e) Grillige brioche kukleid, lõikepool all, 30 sekundit või kuni kergelt röstitud. Jaga kodujuust kuklipõhjade vahel, seejärel tõsta peale marineeritud porgandisegu.

f) Lisa pätsikesed ja ülejäänud 1 supilusikatäis harissat. Tõstke kaaned peale, pigistades nii, et harissa imbuks mööda külgi alla ja jääks sisse.

61. Maroko stiilis riisi ja kikerherne küpsetamine

KOOSTISOSAD:
- Oliiviõli küpsetussprei
- 1 tass pikateralist pruuni riisi
- 2 ¼ tassi kanapuljongit
- 1 (15,5 untsi) purk kikerherneid, nõruta ja loputa
- ½ tassi tükeldatud porgandit
- ½ tassi rohelisi herneid
- 1 tl jahvatatud köömneid
- ½ tl jahvatatud kurkumit
- ½ tl jahvatatud ingverit
- ½ tl sibulapulbrit
- ½ tl soola
- ¼ tl jahvatatud kaneeli
- ¼ tl küüslaugupulbrit
- ¼ tl musta pipart
- Värske petersell, kaunistuseks

JUHISED:
a) Kuumuta õhufritüür temperatuurini 380 °F. Määri 5-tassi mahutav pajaroog kergelt oliiviõli küpsetusspreiga. (Pajaroa kuju sõltub õhufritüüri suurusest, kuid see peab mahutama vähemalt 5 tassi.)
b) Sega pajaroas riis, puljong, kikerherned, porgand, herned, köömned, kurkum, ingver, sibulapulber, sool, kaneel, küüslaugupulber ja must pipar. Sega hästi kokku.
c) Kata lõdvalt alumiiniumfooliumiga.
d) Asetage kaetud pajavorm õhkfritüüri ja küpsetage 20 minutit. Eemaldage fritüürist ja segage hästi.
e) Asetage pajaroog ilma kaaneta tagasi fritüüri ja küpsetage veel 25 minutit.
f) Puhasta lusikaga kohevaks ja puista enne serveerimist peale värsket hakitud peterselli.

62. Maroko lõhe- ja hirsikausid

KOOSTISOSAD:
- ¾ tassi (130 g) hirssi
- 2 tassi (470 ml) vett
- Koššersool ja värskelt jahvatatud must pipar
- 3 supilusikatäit (45 ml) avokaado- või ekstra neitsioliivioli, jagatud
- ½ tassi (75 g) kuivatatud sõstraid
- ¼ tassi (12 g) peeneks hakitud värsket piparmünti
- ¼ tassi (12 g) peeneks hakitud värsket peterselli
- 3 keskmist porgandit
- 1½ supilusikatäit (9 g) harissat
- 1 tl (6 g) mett
- 1 küüslauguküüs, hakitud
- ½ tl jahvatatud köömneid
- ½ tl jahvatatud kaneeli
- 4 (4–6 untsi, 115–168 g) lõhefileed
- ½ keskmist inglise kurki, tükeldatud
- 2 pakitud tassi (40 g) rukolat
- 1 retsept piparmündijogurtikastme

JUHISED:

a) Kuumuta ahi temperatuurini 425 °F (220 °C või gaasimärgis 7).

b) Lisa hirss suurde kuiva kastrulisse ja rösti keskmisel kuumusel kuldpruuniks 4–5 minutit. Lisa vesi ja näpuotsatäis soola. Vesi pritsib, kuid settib kiiresti.

c) Kuumuta keemiseni. Alandage kuumust madalaks, segage sisse 1 supilusikatäis (15 ml) õli, katke kaanega ja hautage, kuni suurem osa veest on imendunud, 15–20 minutit. Tõsta tulelt ja auruta potis 5 minutit. Kui see on jahtunud, segage sõstrad, piparmünt ja petersell.

d) Vahepeal koorige ja viilutage porgandid 1,3 cm paksusteks ringideks. Sega keskmises kausis kokku 1½ supilusikatäit (23 ml) õli, harissa, mett, küüslauku, soola ja pipart. Lisa porgandid ja sega ühtlaseks.

e) Laota ühtlase kihina pärgamendiga vooderdatud küpsetusplaadi ühele küljele. Rösti porgandeid 12 minutit.

f) Sega väikeses kausis kokku ülejäänud ½ supilusikatäit (7 ml) õli, köömned, kaneel ja ½ tl soola. Pintselda üle lõhefileed.

g) Eemaldage küpsetusplaat ahjust. Pöörake porgandeid ja asetage lõhe teisele poole. Rösti, kuni lõhe on läbi küpsenud ja kergesti helbed, olenevalt paksusest 8–12 minutit.

h) Serveerimiseks jaga ürdihirss kausside vahel. Tõsta peale lõhefilee, röstitud porgand, kurk ja rukola ning nirista peale piparmündijogurtikastme.

63.Fava oa- ja lihahautis

KOOSTISOSAD:
- 1 nael lahja veiseliha
- Või lambaliha; lõigatud
- Keskmise suurusega tükkideks
- Sool ja pipar
- 1 teelusikatäis Ingver
- ½ teelusikatäit Kurkum
- 4 küüslauguküünt; purustatud
- 1 suur sibul; peeneks hakitud
- ½ tassi peeneks hakitud värskeid koriandri lehti
- 1½ tassi vett
- 4 supilusikatäit oliiviõli
- 2 tassi värskeid fava ube
- Või 19-oz konserveeritud favas; kuivendatud
- 5 supilusikatäit Sidrunimahl
- ½ tassi kivideta mustad oliivid; valikuline

JUHISED:
a) Asetage potti liha, sool, pipar, ingver, kurkum, küüslauk, sibul, koriander (koriander), vesi ja õli; seejärel katke ja küpseta keskmisel kuumusel, kuni liha on pehme. (90 minutit või rohkem)
b) Lisa fava oad ja jätka küpsetamist, kuni oad on pehmed.
c) Sega juurde sidrunimahl. Tõsta serveerimisnõusse ja kaunista oliividega.

64. Maroko lambaliha tšilli

KOOSTISOSAD:
- 2 naela jahvatatud lambaliha
- 2 spl oliiviõli
- 1 suur sibul, hakitud
- 4 küüslauguküünt, hakitud
- 2 punast paprikat, tükeldatud
- 1 purk (28 untsi) tükeldatud tomateid, nõrutamata
- 2 purki (igaüks 15 untsi) kikerherneid, nõrutatud ja loputatud
- 2 spl harissa pasta
- 1 tl jahvatatud kaneeli
- 1/2 tl jahvatatud ingverit
- Sool ja pipar, maitse järgi

JUHISED:
a) Kuumuta oliiviõli suures potis keskmisel-kõrgel kuumusel.
b) Lisa sibul ja küüslauk ning prae, kuni sibul on läbipaistev.
c) Lisa jahvatatud lambaliha ja küpseta pruuniks.
d) Lisage punased paprikad ja jätkake küpsetamist 5 minutit.
e) Lisa kuubikuteks lõigatud tomatid, kikerherned, harissa pasta, kaneel, ingver, sool ja pipar.
f) Kuumuta keemiseni, seejärel alanda kuumust ja hauta 30 minutit.
g) Serveeri kuumalt ja naudi!

65.Fava oapüree - bissara

KOOSTISOSAD:
- 2 tassi suuri kuivi fava ube; leotatud üleöö
- Ja nõrutatud
- 3 küüslauguküünt; purustatud
- sool; maitsta
- ½ tassi oliiviõli
- 8 tassi vett
- 5 supilusikatäit sidrunimahla
- 2 tl köömneid
- 1 tl paprikat
- ½ tl tšillipulbrit
- ½ tassi hakitud peterselli

JUHISED:
a) Asetage fava oad, küüslauk, sool, 4 supilusikatäit oliiviõli ja vesi potti; seejärel küpseta keskmisel kuumusel, kuni oad on pehmed.
b) Pane oad köögikombaini ja töötle ühtlaseks massiks, seejärel pane potti tagasi. Lisa sidrunimahl ja köömned ning keeda madalal kuumusel 5 minutit.
c) Tõsta lusikaga serveerimisvaagnale. Vala ülejäänud oliiviõli ühtlaselt üleval; seejärel puista peale paprika- ja tšillipulber.
d) Kaunista peterselliga ja serveeri.

66.Lambaliha ja pirni tagine

KOOSTISOSAD:
- 2 kandjat Sibul; kooritud ja viilutatud
- 1 supilusikatäis oliiviõli; valgus
- 6 untsi Lambaliha; kuubikud, kärbitud
- 1 spl Madeira
- ½ teelusikatäit Jahvatatud köömned
- ½ teelusikatäit Jahvatatud koriander
- ½ teelusikatäit Riivitud ingverijuur
- ¼ teelusikatäit Jahvatatud kaneel; või soovi korral rohkemgi
- ½ tl Jahvatatud musta pipart
- 1½ tassi külma vett; või katta
- 1 teelusikatäis mett
- 1 suur Bosc pirn; südamik ja osadeks lõigatud, seejärel hakitud 1/2-tollisteks tükkideks (koor jäetakse peale)
- ¼ tassi kuldseid seemneteta rosinaid VÕI sultanid
- 2 supilusikatäit Tükeldatud mandlid; röstitud
- Sool ja pipar; maitsta
- 1½ tassi keedetud riisi; segatud
- 1 tl hakitud värsket basiilikut
- 1⅓ tassi viilutatud porgandit; aurutatud

JUHISED:
a) Prae suures potis sibul oliiviõlis õrnalt pehmeks ja magusaks (20 minutit). Lisage liha pannile ja küpseta, kuni see muudab värvi. Lisage vürtsid; segage, kuni see on soojenenud ja kuiv. Lisa vein ja põleta see kiiresti ära. Seejärel lisa külma kraanivett, et liha oleks parajalt kaetud. Kata kaanega ja hauta vaikselt, kuni liha on pehme, umbes 45 minutit.

b) Paljastama. Lisa pirnid lihale koos sultanade ja mandlitega (kuival pannil korraks soojendatud). Hauta veel 10–15 minutit või kuni pirnid on pehmed, kuid mitte liiga pehmed. Maitse ja lisa soola ja pipraga.

c) Kui kaste tundub liiga õhuke, paksenda noolejuure- või kartulitärklisega. Serveeri riisil koos porgandiga.

67. Marrakechi riisi ja läätsesupp

KOOSTISOSAD:
- ¼ tassi läätsed; leotatud üleöö
- 7 tassi vett
- 2 supilusikatäit Oliiviõli
- ½ tassi Peeneks hakitud värsked koriandri lehed
- 1 teelusikatäis Paprika
- ½ tassi riisi; loputatud
- Sool ja pipar
- ½ tl köömneid
- 1 tükk tšillipulbrit
- 2 supilusikatäit jahu; sisse lahustunud
- ½ tassi vett
- ¼ tassi sidrunimahla

JUHISED:
a) Läätsed ei vaja leotamist; ja tavaliselt sorteerime ja peseme need enne kasutamist. Kui need on leotatud, saame küpsetusaega poole võrra lühendada.
b) Aseta kastrulisse läätsed ja nende leotusvesi, oliiviõli, koriandrilehed ja paprika. Kuumuta kõrgel kuumusel keema.
c) Katke ja küpseta keskmisel kuumusel 25 minutit; seejärel lisa ülejäänud koostisosad peale jahusegu ja sidrunimahla ning küpseta veel 20 minutit või kuni riisiterad on pehmed, kuid siiski terved.
d) Tõsta pliidilt ja sega aeglaselt juurde jahupasta ja sidrunimahl.
e) Tõsta tagasi tulele ja kuumuta keemiseni. Serveeri kohe.

68. Paks kikerherne-lihasupp / hareera

KOOSTISOSAD:
- ¼ naela Kikerherned; leotatud üleöö
- ½ tassi võid
- 2 tassi hakitud sibul; jagatud
- Sool ja pipar
- ½ naela Lamba- või veiseliha kondid
- 1 näputäis kaneeli
- 1 näputäis safranit
- 3 liitrit vett
- ½ tassi peeneks hakitud värskeid koriandri lehti
- 2 tassi tomatimahla
- 1 tass riisi; loputatud
- 3 supilusikatäit Jahu
- ½ tassi peeneks hakitud värsket peterselli
- ¼ tassi sidrunimahla; valikuline

JUHISED:
a) Tükelda kikerherned ja eemalda koor. Kõrvale panema.
b) Sulata potis või, lisa 1 tass sibulat, soola ja pipart. Hauta keskmisel kuumusel, kuni sibul muutub helepruuniks.
c) Lõika liha kontidelt ja viiluta. Sega tükeldatud liha ja kondid pannile ning prae veel, kuni liha muutub helepruuniks. Lisage ülejäänud tass sibulat, kikerherned, kaneel, safran ja 1 liitrit vett ning küpseta, kuni kikerherned on valmis. Sega juurde 1 supilusikatäis koriandrilehti ja küpseta veel 5 minutit. Kõrvale panema.
d) Keeda teises potis ülejäänud kaks liitrit vett, tomatimahla, soola ja pipart 5 minutit. Lisa riis ja keeda uuesti; siis alanda kuumust ja hauta kuni riis on valmis.
e) Sega jahu 3 spl külma veega, et saada õhuke pasta. Sega pasta aeglaselt riisisegu hulka. Lisa ülejäänud koriander ja petersell. Küpseta veel 5 minutit. Sega liha ja riisisegu ning serveeri.

69. Maroko Quinoa Bowl

KOOSTISOSAD:
- 1 tass keedetud kinoat
- 1 tass kirsstomateid, poolitatud
- 1 kurk, tükeldatud
- ½ tassi kikerherneid, nõruta ja loputa
- ¼ tassi Kalamata oliive, viilutatud

JUHISED:
a) Sega kausis keedetud kinoa, kirsstomatid, kurk, kikerherned ja Kalamata oliivid.
b) Sega koostisained kokku.
c) Kaunista värske peterselliga.
d) Serveeri toatemperatuuril või jahutatult.

70.Kana Marsala

KOOSTISOSAD:
- ¼ tassi jahu
- Sool ja pipar maitse järgi
- 4 kondita kanarinda, uhmerdatud
- ¼ tassi võid
- 1 tass marsala

JUHISED:
a) Sega kausis jahu, sool ja pipar.
b) Tõsta uhmerdatud kanarinnad jahusegusse.
c) Sulata suurel pannil või.
d) Küpseta kootud kanarinda mõlemalt poolt 4 minutit.
e) Lisage samale pannile marsala ja küpsetage kana madalal kuumusel veel 10 minutit.
f) Tõsta keedetud kana serveerimistaldrikule.

71.Maroko köögiviljapakend

KOOSTISOSAD:
- 1 täistera wrap või vormileib
- 2 spl hummust
- ½ tassi segatud salatirohelist
- ¼ tassi kurki, õhukeselt viilutatud
- ¼ tassi kirsstomateid, poolitatud

JUHISED:
a) Määri hummus ühtlaselt täistera wrapile.
b) Kihti segatud salatirohelised, kurk ja kirsstomatid.
c) Rulli mähis tihedalt kokku ja lõika pooleks.

72. Küüslaugu Cheddari kana

KOOSTISOSAD:
- ¼ tassi võid
- ½ tassi riivitud parmesani juustu
- ½ tassi Panko riivsaia
- 1 ¼ tassi teravat cheddari juustu
- 8 kanarinda

JUHISED:
a) Kuumuta ahi 350 kraadi Fahrenheiti järgi.
b) Sulata pannil või ja küpseta hakitud küüslauku 5 minutit.
c) Sega suures segamiskausis parmesani juust, Panko riivsai, Cheddari juust, Itaalia maitseaine, sool ja pipar.
d) Kasta iga kanarind sulavõisse ja määri seejärel riivsaiaseguga.
e) Asetage iga kaetud kanarind küpsetusnõusse.
f) Nirista pealt ülejäänud võid.
g) Kuumuta ahi temperatuurini 350 ° F ja küpseta 30 minutit.
h) Lisa krõbeduse saamiseks asetage broileri alla 2 minutiks.

73. Krevetid Pesto-koorekastmega

KOOSTISOSAD:
- 1 pakk linguine pasta
- 1 supilusikatäis oliiviõli
- 1 tass viilutatud seeni
- ½ tassi rasket koort
- 1 tass pestot

JUHISED:
a) Keeda pasta vastavalt pakendi juhistele, seejärel nõruta.
b) Kuumuta pannil oliiviõli ja küpseta viilutatud seeni 5 minutit.
c) Sega juurde rõõsk koor, maitsesta soola, pipra ja Cayenne'i pipraga ning hauta 5 minutit.
d) Lisa riivitud Pecorino Romano juust ja vahusta kuni sulamiseni.
e) Sega pesto ja keedetud krevettidega ning küpseta veel 5 minutit.
f) Määri keedetud pasta kastmega.

74. Hispaania Ratatouille

KOOSTISOSAD:
- 1 keskmise suurusega sibul (viilutatud või tükeldatud)
- 1 küüslauguküünt
- 1 suvikõrvits (hakitud)
- 1 purk tomatit (tükeldatud)
- 3 supilusikatäit oliiviõli

JUHISED:
a) Valage pannile oliiviõli.
b) Viska sisse sibulad. Lase keskmisel kuumusel praadida 4 minutit.
c) Viska sisse küüslauk ja jätka praadimist veel 2 minutit.
d) Lisa pannile tükeldatud suvikõrvits ja tomatid. Maitsesta maitse järgi soola ja pipraga.
e) Küpseta 30 minutit või kuni valmis.
f) Soovi korral kaunista värske peterselliga.
g) Kõrvale serveeri riisi või röstsaiaga.

75.Krevetid apteegitilliga

KOOSTISOSAD:
- 2 küüslauguküünt (viilutatud)
- 2 supilusikatäit oliiviõli
- 1 apteegitilli sibul
- 600 g kirsstomateid
- 15 suurt kooritud krevetti

JUHISED:
a) Kuumuta suures potis õli. Prae viilutatud küüslauk kuldpruuniks.
b) Lisa pannile apteegitill ja küpseta 10 minutit madalal kuumusel.
c) Segage suures segamiskausis tomatid, sool, pipar, mansanillašerri ja valge vein. Lase keeda 7 minutit, kuni kaste pakseneb.
d) Aseta peale kooritud krevetid ja küpseta 5 minutit või kuni krevetid muutuvad roosaks.
e) Kaunista petersellilehtedega.
f) Serveeri leiva kõrvale.

76. Küpsetatud Maroko lõhe

KOOSTISOSAD:
- 4 lõhefileed
- 2 spl oliiviõli
- 2 spl sidrunimahla
- 2 küüslauguküünt, hakitud
- 1 tl kuivatatud pune

JUHISED:
a) Kuumuta ahi temperatuurini 400 °F (200 °C).
b) Sega väikeses kausis oliiviõli, sidrunimahl, hakitud küüslauk, kuivatatud pune, sool ja pipar.
c) Tõsta lõhefileed küpsetuspaberiga kaetud ahjuplaadile.
d) Pintselda lõhe oliiviõli seguga.
e) Küpseta eelkuumutatud ahjus 20-25 minutit või kuni lõhe on küps.
f) Serveerige küpsetatud Maroko lõhet oma lemmikterade peenral või koos värske salatiga.

77. Valge oa supp

KOOSTISOSAD:
- 1 hakitud sibul
- 2 supilusikatäit oliiviõli
- 2 tükeldatud sellerivart
- 3 hakitud küüslauguküünt
- 4 tassi konserveeritud cannellini ube

JUHISED:
a) Kuumuta suurel pannil õli.
b) Küpseta sellerit ja sibulat umbes 5 minutit.
c) Lisa hakitud küüslauk ja sega ühtlaseks. Küpseta veel 30 sekundit.
d) Viska sisse konserveeritud cannellini oad, 2 tassi kanapuljongit, rosmariin, sool ja pipar ning brokkoli.
e) Lase vedelik keema ja seejärel alanda 20 minutit madalal kuumusel.
f) Blenderda supp saumikseriga, kuni see saavutab soovitud sileduse.
g) Alanda kuumust madalale ja piserda peale trühvliõli.
h) Vala supp roogadesse ja serveeri.

78.S krevetid gambas

KOOSTISOSAD:
- 1/2 tassi oliiviõli
- 1 sidruni mahl
- 2 tl meresoola
- 24 keskmise suurusega krevetti , koorega, tervete peadega

JUHISED:
a) Segage segamisnõus oliiviõli, sidrunimahl ja sool ning vahustage, kuni see on põhjalikult segunenud. Krevettide kergeks katmiseks kasta need mõneks sekundiks segusse.
b) Kuival pannil kuumutage õli kõrgel kuumusel. Töötades partiidena, lisage krevetid ühe kihina, ilma et pannil oleks väga kuum. 1 minut praadimist
c) Alandage kuumust keskmisele ja küpsetage veel minut. Tõsta kuumust kõrgeks ja prae krevette veel 2 minutit või kuni need on kuldsed.
d) Hoia krevette madalas ahjus ahjukindlal plaadil soojas.
e) Küpseta ülejäänud krevetid samal viisil.

79. Grillitud sidrunimahla kana

KOOSTISOSAD:
- 4 kondita, nahata kanarinda
- 2 sidrunit
- 2 spl oliivióli
- 2 tl kuivatatud pune
- Sool ja pipar maitse järgi

JUHISED:
a) Kuumuta grill keskmisel-kõrgel kuumusel.
b) Sega kausis ühe sidruni mahl, oliivióli, kuivatatud pune, sool ja pipar.
c) Aseta kanarinnad suletavasse kilekotti ja vala peale marinaad. Sulgege kott ja laske sellel vähemalt 30 minutit marineerida.
d) Grilli kana umbes 6-8 minutit mõlemalt poolt või kuni see on täielikult küpsenud.
e) Enne serveerimist pigista grillkanale ülejäänud sidruni mahl.

80.Tomati ja basiiliku pasta

KOOSTISOSAD:
- 8 untsi täistera nisu spagetid
- 2 tassi kirsstomateid, poolitatud
- 1/4 tassi värsket basiilikut, hakitud
- 2 spl ekstra neitsioliiviõli
- 2 küüslauguküünt, hakitud

JUHISED:
a) Keeda spagetid vastavalt pakendi juhistele.
b) Sega suures kausis kirsstomatid, värske basiilik, oliiviõli ja hakitud küüslauk.
c) Viska keedetud spagetid kaussi ja sega ühtlaseks.
d) Serveeri kohe, soovi korral lisa värske basiilikuga.

81. Küpsetatud lõhe Maroko salsaga

KOOSTISOSAD:
- 4 lõhefileed
- 1 tass kirsstomateid, tükeldatud
- 1/2 kurki, tükeldatud
- 1/4 tassi Kalamata oliive, viilutatud
- 2 spl ekstra neitsioliiviõli
- 1 spl värsket sidrunimahla

JUHISED:
a) Kuumuta ahi temperatuurini 400 °F (200 °C).
b) Tõsta lõhefileed küpsetuspaberiga kaetud ahjuplaadile.
c) Sega kausis salsa valmistamiseks kuubikuteks lõigatud kirsstomatid, kurk, oliivid, oliiviõli ja sidrunimahl.
d) Tõsta lusikaga salsat lõhefileedele.
e) Küpseta 15-20 minutit või kuni lõhe on küps.

82. Kikerherne- ja spinatihautis

KOOSTISOSAD:
- 2 purki (igaüks 15 untsi) kikerherneid, nõrutatud ja loputatud
- 1 sibul, hakitud
- 3 küüslauguküünt, hakitud
- 1 purk (14 untsi) kuubikuteks lõigatud tomateid
- 4 tassi värsket spinatit
- Sool ja pipar maitse järgi

JUHISED:
a) Prae suures potis hakitud sibul ja küüslauk pehmeks.
b) Lisa kikerherned ja kuubikuteks lõigatud tomatid koos mahlaga. Sega põhjalikult.
c) Hauta 15-20 minutit, lastes maitsetel sulada.
d) Lisage värske spinat ja küpseta, kuni see on närbunud.
e) Enne serveerimist maitsesta soola ja pipraga.

83. Sidruni-küüslaugu krevetivardad

KOOSTISOSAD:
- 1 nael suurt krevetti, kooritud ja tükeldatuna
- 3 supilusikatäit oliiviõli
- 3 küüslauguküünt, hakitud
- 1 sidruni koor
- 2 spl värsket peterselli, hakitud

JUHISED:
a) Kuumuta grill või grillpann.
b) Sega kausis oliiviõli, hakitud küüslauk, sidrunikoor ja hakitud petersell.
c) Tõsta krevetid varrastele ja pintselda sidruni-küüslaugu seguga.
d) Grilli krevetivardaid 2-3 minutit mõlemalt poolt või kuni need on läbipaistmatud.
e) Serveeri veel sidruniviiludega.

84.Quinoa salati kauss

KOOSTISOSAD:
- 1 tass kinoa, keedetud
- 1 kurk, tükeldatud
- 1 tass kirsstomateid, poolitatud
- 1/2 tassi fetajuustu, purustatud
- 2 spl punase veini äädikat

JUHISED:
a) Sega kausis keedetud kinoa, kurk, kirsstomatid ja fetajuust.
b) Nirista üle punase veini äädikaga ja sega läbi.
c) Serveeri värskendava kinoa salatikausina.

85. Baklažaani- ja kikerhernehautis

KOOSTISOSAD:
- 1 suur baklažaan, tükeldatud
- 1 purk (15 untsi) kikerherneid, nõrutatud ja loputatud
- 1 purk (14 untsi) kuubikuteks lõigatud tomateid
- 1 sibul, hakitud
- 2 spl oliiviõli

JUHISED:
a) Prae suures potis oliiviõlis hakitud sibul pehmeks.
b) Lisa kuubikuteks lõigatud baklažaan, kikerherned ja kuubikuteks lõigatud tomatid koos mahlaga.
c) Hauta 20-25 minutit või kuni baklažaan on pehme.
d) Enne serveerimist maitsesta soola ja pipraga.

86.Sidruniürdiga küpsetatud tursk

KOOSTISOSAD:
- 4 tursafileed
- 2 sidruni mahl
- 3 supilusikatäit oliiviõli
- 2 tl kuivatatud tüümiani
- Sool ja pipar maitse järgi

JUHISED:
a) Kuumuta ahi temperatuurini 400 °F (200 °C).
b) Aseta tursafileed ahjuvormi.
c) Sega kausis sidrunimahl, oliiviõli, kuivatatud tüümian, sool ja pipar.
d) Vala segu tursafileele.
e) Küpseta 15-20 minutit või kuni tursk kahvliga kergelt helbeks läheb.

87.Maroko läätsesalat

KOOSTISOSAD:
- 1 tass keedetud läätsi
- 1 kurk, tükeldatud
- 1 tass kirsstomateid, poolitatud
- 1/4 tassi punast sibulat, peeneks hakitud
- 2 spl balsamico vinegretti

JUHISED:
a) Sega suures kausis keedetud läätsed, kuubikuteks lõigatud kurk, kirsstomatid ja hakitud punane sibul.
b) Nirista peale balsamico vinegretti ja sega kokku.
c) Serveeri rammusa läätsesalatina.

88.Spinati ja feta täidisega paprika

KOOSTISOSAD:
- 4 paprikat, poolitatud ja seemned eemaldatud
- 2 tassi värsket spinatit, hakitud
- 1 tass fetajuustu, purustatud
- 1 purk (14 untsi) tükeldatud tomateid, nõrutatud
- 2 spl oliiviõli

JUHISED:
a) Kuumuta ahi temperatuurini 375 °F (190 °C).
b) Sega kausis tükeldatud spinat, fetajuust, kuubikuteks lõigatud tomatid ja oliiviõli.
c) Täitke iga paprika pool spinati ja feta seguga.
d) Küpseta 25-30 minutit või kuni paprika on pehme.

89. Krevettide ja avokaado salat

KOOSTISOSAD:
- 1 kilo krevette, kooritud ja tükeldatud
- 2 avokaadot, tükeldatud
- 1 tass kirsstomateid, poolitatud
- 2 spl värsket koriandrit, hakitud
- 1 laimi mahl

JUHISED:
a) Küpseta krevette pannil roosaks ja läbipaistmatuks.
b) Sega kausis keedetud krevetid, tükeldatud avokaadod, kirsstomatid ja hakitud koriander.
c) Nirista üle laimimahlaga ja sega õrnalt läbi.
d) Serveeri värskendava kreveti- ja avokaadosalatina.

90. Itaalia küpsetatud kana reied

KOOSTISOSAD:
- 4 kanakintsu, kondiga, nahaga
- 1 purk (14 untsi) tükeldatud tomateid, nõrutamata
- 2 spl oliiviõli
- 2 tl Itaalia maitseainet
- Sool ja pipar maitse järgi

JUHISED:
a) Kuumuta ahi temperatuurini 375 °F (190 °C).
b) Aseta kanakintsud ahjuvormi.
c) Sega kausis tükeldatud tomatid, oliiviõli, Itaalia maitseaine, sool ja pipar.
d) Vala tomatisegu kanakintsudele.
e) Küpseta 35–40 minutit või kuni kana saavutab sisetemperatuuri 74 °C (165 °F).

91. Quinoa täidisega paprika

KOOSTISOSAD:
- 4 paprikat, poolitatud ja seemned eemaldatud
- 1 tass keedetud kinoat
- 1 purk (15 untsi) musti ube, nõrutatud ja loputatud
- 1 tass maisiterad (värsked või külmutatud)
- 1 tass salsat

JUHISED:
a) Kuumuta ahi temperatuurini 375 °F (190 °C).
b) Sega kausis keedetud kinoa, mustad oad, mais ja salsa.
c) Tõsta lusikaga kinoa segu igasse paprikapoolikusse.
d) Küpseta 25-30 minutit või kuni paprika on pehme.

MAGUSTOIT

92.Maroko apelsini ja kardemoni kook

KOOSTISOSAD:
- 2 apelsini, kooritud
- 6 rohelise kardemoni kauna seemned, purustatud
- 6 suurt muna
- 200g pakk jahvatatud mandleid
- 50 g polentat
- 25g isekerkivat jahu
- 2 tl küpsetuspulbrit
- 1 spl purustatud mandleid
- Serveerimiseks kreeka jogurt või koor

JUHISED:
a) Pane terved apelsinid pannile, kata veega ja keeda 1 tund, kuni nuga neid kergesti läbi torkab. Vajadusel pange väike kastruli kaas otse peale, et need jääksid vee alla.
b) Eemaldage apelsinid, jahutage, seejärel veeranditage ning eemaldage seemned ja südamik. Lülitage saumikseriga või köögikombaini abil tore püree ja asetage seejärel suurde kaussi.
c) Kuumuta ahi temperatuurini 160C/140C ventilaator/gaas 3.
d) Vooderda 21 cm lahtise põhjaga koogivormi põhi ja küljed küpsetuspaberiga.
e) Klopi kardemon ja munad apelsinipüree hulka.
f) Sega jahvatatud mandlid polenta, jahu ja küpsetuspulbriga ning sega seejärel apelsinisegu hulka, kuni need on hästi segunenud.
g) Kaabi segu vormi, tasanda pealt ja küpseta 40 minutit.
h) 40 minuti pärast puistake mandlihelvestega koogile, pange tagasi ahju ja küpsetage veel 20-25 minutit, kuni keskele torgatud varras tuleb puhtana välja.
i) Eemalda vormist ja lase jahtuda.
j) Serveeri viilutatuna koogina või kreeka jogurti või koorega magustoiduna.

93.Maroko apelsini sorbett

KOOSTISOSAD:
- 4 tassi värsket apelsinimahla
- ½ tassi mett
- 1 apelsini koor
- 1 spl sidrunimahla

JUHISED:
a) Sega kausis värske apelsinimahl, mesi, apelsinikoor ja sidrunimahl. Sega, kuni mesi on lahustunud.
b) Vala segu jäätisemasinasse ja klopi vastavalt tootja juhistele.
c) Kui sorbett on kloppinud, viige see kaanega anumasse ja külmutage enne serveerimist vähemalt 2 tundi.
d) Kühvelda ja naudi!

94. Aprikoosi- ja mandlitort

KOOSTISOSAD:
- 1 leht lehttainast, sulatatud
- ½ tassi mandlijahu
- ¼ tassi mett
- 1 tl mandli ekstrakti
- 1 tass värskeid aprikoose, viilutatud

JUHISED:

a) Kuumuta ahi temperatuurini 375 °F (190 °C). Rulli lehttainas ahjuplaadil lahti.
b) Sega kausis mandlijahu, mesi ja mandliekstrakt.
c) Määri mandlisegu lehttaignale.
d) Laota peale viilutatud aprikoosid.
e) Küpseta 20-25 minutit või kuni küpsetis on kuldpruun.
f) Enne viilutamist lase koogil jahtuda.

95. Maroko küpsetatud virsikud

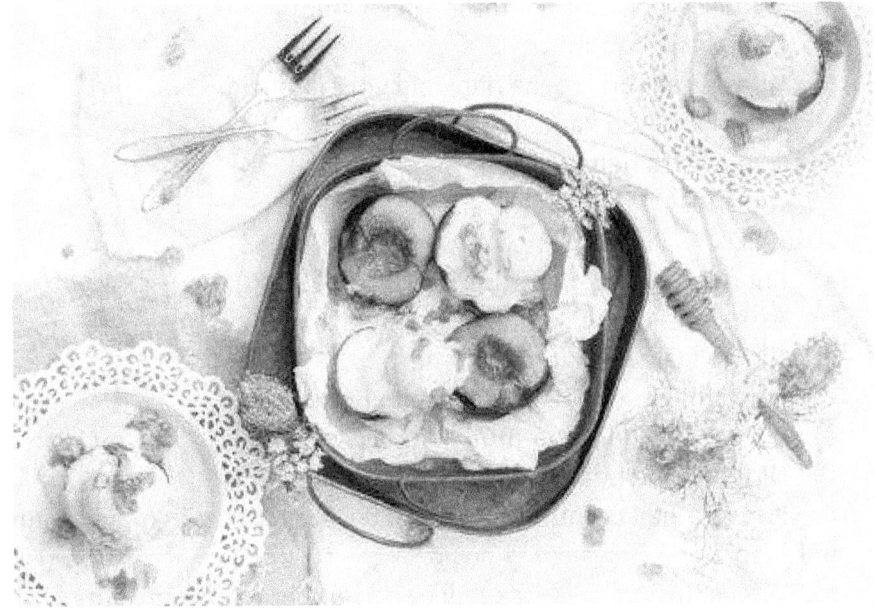

KOOSTISOSAD:
- 4 küpset virsikut poolitatuna ja kivideta
- 2 supilusikatäit mett
- ¼ tassi hakitud kreeka pähkleid või mandleid
- 1 tl jahvatatud kaneeli
- 1 spl ekstra neitsioliiviõli

JUHISED:
a) Kuumuta ahi temperatuurini 375 °F (190 °C).
b) Aseta virsikupoolikud, lõikepool üleval, ahjuvormi.
c) Nirista igale virsikupoolele mett.
d) Puista hakitud pähklid ühtlaselt virsikutele.
e) Puista virsikud jahvatatud kaneeliga.
f) Nirista kõige peale ekstra neitsioliiviõli.
g) Küpseta eelkuumutatud ahjus 20-25 minutit või kuni virsikud on pehmed.
h) Võta ahjust välja ja lase neil enne serveerimist veidi jahtuda.

96.Oliiviõli ja sidruni küpsised

KOOSTISOSAD:
- 2 tassi mandlijahu
- ¼ tassi oliiviõli
- ¼ tassi mett
- 1 sidruni koor
- ½ tl söögisoodat

JUHISED:

a) Kuumuta ahi temperatuurini 350 °F (180 °C). Vooderda ahjuplaat küpsetuspaberiga.

b) Sega kausis mandlijahu, oliiviõli, mesi, sidrunikoor ja söögisooda, kuni moodustub tainas.

c) Tõsta tainast välja supilusikasuurused portsud ja rulli pallideks. Asetage ettevalmistatud küpsetusplaadile.

d) Tasandage iga pall kahvliga, moodustades ristuva mustri.

e) Küpseta 10-12 minutit või kuni servad on kuldpruunid.

f) Enne serveerimist lase küpsistel jahtuda.

97.Maroko puuviljasalat

KOOSTISOSAD:
- 2 tassi segatud marju (maasikad, mustikad, vaarikad)
- 1 tass kuubikuteks lõigatud arbuusi
- 1 tass kuubikuteks lõigatud ananassi
- 1 spl värsket piparmünti, hakitud
- 1 spl mett

JUHISED:
a) Sega suures kausis omavahel segatud marjad, arbuus ja ananass.
b) Puista puuviljadele hakitud piparmünt.
c) Nirista salatile mett ja sega õrnalt segamini.
d) Enne serveerimist hoia vähemalt 30 minutit külmkapis.

98. Maroko Honeyed Pudding

KOOSTISOSAD:
- ½ tassi kuskussi
- 1 ½ tassi mandlipiima (või teie valitud piima)
- 3 supilusikatäit mett
- ½ tl jahvatatud kaneeli
- ¼ tassi hakitud kuivatatud viigimarju

JUHISED:
a) Kuumuta potis mandlipiim vaikselt keema.
b) Sega hulka kuskuss, kata kaanega ja hauta tasasel tulel umbes 10 minutit või kuni kuskuss on pehme.
c) Sega juurde mesi ja jahvatatud kaneel. Küpseta veel 2-3 minutit.
d) Tõsta kastrul tulelt ja lase veidi jahtuda.
e) Sega juurde hakitud kuivatatud viigimarjad.
f) Jaga puding serveerimiskausside vahel.
g) Serveeri soojalt või jahutatult.

99. Mandli ja apelsini jahuta kook

KOOSTISOSAD:
- 1 tass mandlijahu
- ¾ tassi suhkrut
- 3 suurt muna
- 1 apelsini koor
- ¼ tassi värsket apelsinimahla

JUHISED:

a) Kuumuta ahi temperatuurini 350 °F (180 °C). Määri ja vooderda koogivorm.

b) Vahusta kausis mandlijahu, suhkur, munad, apelsinikoor ja värske apelsinimahl ühtlaseks massiks.

c) Valage tainas ettevalmistatud pannile.

d) Küpseta 25-30 minutit või kuni keskele torgatud hambaork tuleb puhtana välja.

e) Enne viilutamist lase koogil jahtuda.

100.Apelsini ja oliiviõli kook

KOOSTISOSAD:
- 2 tassi mandlijahu
- 1 tass suhkrut
- 4 suurt muna
- ½ tassi ekstra neitsioliiviõli
- 2 apelsini koor

JUHISED:

a) Kuumuta ahi temperatuurini 350 °F (180 °C). Määri ja jahuga koogivorm.

b) Vahusta suures kausis mandlijahu, suhkur, munad, oliiviõli ja apelsinikoor, kuni need on hästi segunenud.

c) Valage tainas ettevalmistatud pannile ja küpsetage 30-35 minutit või kuni keskele torgatud hambaork tuleb puhtana välja.

d) Lase koogil jahtuda, seejärel puista enne serveerimist üle tuhksuhkruga.

KOKKUVÕTE

Kui lõpetame oma maitseka teekonna läbi "Parim maroko kokaraamat", loodame, et olete kogenud Maroko köögi ajatu ja lummava maailma avastamise rõõmu. Iga retsept nendel lehtedel tähistab värskust, vürtse ja külalislahkust, mis iseloomustavad Maroko roogasid – see annab tunnistust rikkalikust maitsevaibast, mis muudab köögi nii armastatuks.

Olenemata sellest, kas olete maitsnud klassikalise tagine'i keerukust, omaks võtnud Maroko kuskussi lõhna või nautinud leidlike küpsetiste magusust, usume, et need retseptid on äratanud teie entusiasmi Maroko toiduvalmistamise vastu. Lisaks koostisosadele ja tehnikatele võib ajatu köögimeistri toidu uurimise idee saada sidemete, pidustuste ja inimesi kokku toovate kulinaarsete traditsioonide tunnustamise allikaks.

Kui jätkate Maroko toiduvalmistamise maailma avastamist, võib "Parim maroko kokaraamat" olla teie usaldusväärne kaaslane, juhatades teid läbi erinevate roogade valmistamise, mis kajastavad Maroko olemust. Siin saate nautida julgeid ja aromaatseid maitseid, jagada lähedastega eineid ning võtta omaks soojust ja külalislahkust, mis iseloomustavad Maroko kööki. B'saha!